JN055459

サステナビリティ フィンテック

最強のコラボ

可児 滋

はじめに

"Without environmental sustainability, economic stability and social cohesion cannot be achieved." − Phil Harding [1]

　国連サミットにおいて加盟国の全会一致で採択されたSDGs（Sustainable Development Goals）は、2030年までに持続可能でより良い世界を目指す国際目標で、17のゴール、169のターゲットから構成されています。

　これを機会に、日本でもサステナブルな環境、社会、経済に対する意識が高まり、多様な取り組みが実践されています。

　サステナビリティはさまざまな視点から論じられますが、英国の著名な考古学者であるPhil Harding博士が主張するように、環境のサステナビリティが経済安定性、社会一体性を実現する大前提となります。

　日本は、2020年10月に2050年カーボンニュートラルを宣言し、2021年4月には2030年度の温室効果ガス（GHG）削減目標として2013年度から46％削減することを目指し、また50％に向けて挑戦を続けるとの方針を明らかにしました。

　この2050年カーボンニュートラルは並大抵の努力では実現できず、文字通り産学官民の総力戦で取り組む必要があります。

　この重要な課題のソリューションに大きく寄与するポテンシャルを持つのが、フィンテック（FinTech）です。フィンテックは、金融（finance）とIT（technology）の融合を意味します。

　これまでフィンテックは、主として既存の金融セクターを革新するドライバーになるという視点で捉えられ、実際にフィンテックによりさまざまな形で金融イノベーションが実現しています。具体的には、決済、送金、融資、投資等の分野でフィンテックの威力が発揮され、数々のイノベーティブな金融商品やサービスが生まれています。

　しかし、フィンテックは、金融セクターの分野にとどまらず、グリーン化によるソーシャルバリューを拡大する形でサステナビリティの推進に大きく寄与するポテンシャルを持っています。

　経済産業省策定の「2050年カーボンニュートラルに伴うグリーン成長戦

略」においても、グリーン成長戦略を支えるのは強靭なデジタルインフラであり、グリーンとデジタルは車の両輪であるとしてグリーン成長戦略とテクノロジーの重要性を強調しています[2]。

このように、カーボンニュートラルへの挑戦には、革新的なテクノロジーの社会経済への実装による産業構造や経済社会の変革を通じたグリーン成長戦略の推進を主軸とすることが必須となります。

環境分野で活躍するフィンテックには、ブロックチェーン、IoT、ビッグデータ、AI、API、クラウドコンピューティング、デジタルツイン等がありますが、その中でもブロックチェーン、IoT、AIが三位一体となってグリーンソリューションに抜群の貢献をすることが期待されます。

すなわち、ブロックチェーン、IoT、AIの融合により、さまざまな対象が環境にいかにインパクトを及ぼすかのビッグデータを収集、評価することができ、企業、個人、政策当局はサステナビリティ、カーボンニュートラルの推進に的確な判断とそれを実践に持ち込む諸施策を講じることが可能となります。

そして、こうしたデータパワー、データドリブンによるグリーン化、サステナブル社会の追及には、APIやクラウドコンピューティング、オンラインプラットフォーム、クラウドファンディング等のテクノロジーが活用されることになります。

本書では、フィンテックがいかに環境や社会経済が抱える課題に対応してサステナビリティが目指すターゲットの達成に寄与するかを、豊富なケーススタディを織り込みながら検討していくこととします。

本書の出版に際しては、日本橋出版株式会社の大島拓哉社長に大変お世話になりました。書面を借りて厚くお礼を申し上げます。

本書が、サステナビリティとフィンテックの融合によるシナジーにより、いかにグリーンソサエティの推進に寄与するかについて、読者の皆様の理解の一助になれば幸甚です。

2023年2月　可児 滋

目次

第Ⅱ部　サステナビリティ×フィンテック：
API、クラウドコンピューティング、オンラインプラットフォーム、クラウドファンディング、デジタルツイン

コラム

| 序章 |

サステナビリティ×フィンテック

① フィンテックの三位一体とサステナビリティ

（1）フィンテックのポテンシャル

　フィンテック（FinTech、Finance+Technology）は、これまで決済、投資、保険等の分野で革新的な商品・サービスの開発により金融の在り方を大きく変える威力があることを証明してきました。

　しかし、フィンテックはこうした金融分野の改革のみならず、サステナブルな環境、社会、経済の実現をサポートするポテンシャルを持っています。

　サステナビリティは、さまざまな分野において重要な要素となっていますが、フィンテックはその中でも特に、サステナブルな環境、グリーンに寄与するところが大きいと考えられます。

　環境分野で活躍するフィンテックには、種々ありますが、その中でもブロックチェーン（Blockchain）、IoT（Internet of Things）、AI（Artificial Intelligence）の三位一体（BIA Trinity）が抜群の貢献をすることが期待できます。

　実際のところ、ブロックチェーンは単に仮想通貨（暗号資産）の技術基盤として機能するだけではなく、例えばSDGsの遵守状況をモニターするコンプライアンスの機能を発揮したり、住宅のソーラー発電を近隣の住宅とシェアするといったグリーンエネルギーのP2P取引にも活用することができます。

　ブロックチェーン、IoT、AIが生み出したイノベーションは、環境、社会、経済が抱える諸問題を克服して、新たにデザインされたサステナブルな社会を形成するドライバーとなるとみられます。

❶ ブロックチェーンとIoT

IoTを大規模に稼働、運営する場合には、数多くのセンサーが収集したデータを適切に管理することが極めて重要となります。

すなわち、IoTの活用にあたっては、データの信頼性、追跡可能性、安全性についてのリスク管理に万全の対策を講じる必要があり、そこで活躍するテクノロジーがブロックチェーンです。IoTをブロックチェーンのプラットフォームに結びつけた場合には、そうしたリスクが回避されるというベネフィットがあります。

i 信頼性（Trust）

ブロックチェーンの特徴である分散型管理は、オープン、暗号を使用するテクノロジーとともに、参加者相互の信頼を高め、P2Pのデータ交換を可能とします。

ii 追跡可能性（Traceability）

データ交換は、複数の組織が管理する複数のネットワークを使って行われます。

ブロックチェーンは、プラットフォーム上で移動するデータや物を追跡できる記録を参加者に対して恒久的、不可変的に提供します。

ブロックチェーンによる記録は、本質的に透明であり、プラットフォーム上のデータは、ネットワークに接続を認められる参加者が追跡することができます。

iii 安全性（Security）

IoTネットワークで最も重要となる点は、安全性の確保です。i、iiの特徴を持つブロックチェーンを使ってデータがやり取りされる限り、IoTネットワーク上のデータは、極めて高度の安全性を保持します。

❷ ブロックチェーンとAI

　ブロックチェーンは、サイバー攻撃から安全なプロトコルに強化された巨大なデータベースを構築し、参加者の要求に応じてその中から必要なデータを抽出して、AIによる分析へと繋げます。

　すなわち、AIはブロックチェーンに蓄積されているデータベースを基に分析します。そして、ブロックチェーンは、AIによるデータ分析を参加者にフィードバックします[1]。

　このように、ブロックチェーンはインフラとして活用できるとともに、参加者がAIモデルにアクセスするといったサービスを提供します。

❸ IoTとAI

　コンピュータにさまざまな経験をさせることで、アルゴリズム（問題解決の手順）は日進月歩で改良を重ねています。AI、機械学習、ディープラーニングのテクノロジーにより、何百万という環境関連の非構造データ（webログ、テキスト文書、画像、動画、音声等、組織化されないデータ）の中にある重要なパターンを見出し、解析アルゴリズムによりデータを分かりやすい形にしたうえでユーザーにフィードバックして、ユーザーはこれを基に取るべき行動を決定、実行することになります。

　こうしたテクノロジーの革新は、膨大なデータを収集するIoTに活用されます。すなわち、AIのサポートにより、IoTプラットフォームは、データの山に埋められている重要なパターンを見出す能力を持ち、さまざまな分析を正確、スピーディに行うことを可能とします。

（2）フィンテックの三位一体＝ブロックチェーン+IoT+AI = BIA

　AIは、IoTネットワークに組み込まれます。また、IoTネットワークにより外部から収集したデータはブロックチェーンプラットフォーム上に集積されます。

　複数のIoTネットワークでやり取りされるデータも、すべての取引が記録され追跡可能なようにブロックチェーン上に集積され、また、AIは多くのデータにより高度化します。

　そして、ブロックチェーン、IoT、AIの3つのテクノロジーが組み合わされて三位一体として機能すると、透明性の向上、容量の拡大、不正アクセスやデータ改ざん抑止といったセキュリティ向上等の効果が発揮されます。

　こうした強み（strength）を足掛かりにして、ブロックチェーン、IoT、AIの三位一体を軸とするさまざまなテクノロジーは、サステナビリティを次元を異にするまでに推進し、サステナブルな社会、経済の実現に大きく寄与することが期待されます。

② フィンテックの活用によるサステナブルな環境、社会、経済の実現

　フィンテックによるサステナビリティの推進は、サステナブル・デジタルファイナンスとかグリーンフィンテックと呼ばれることもあります。ここでのグリーンフィンテックのグリーンは、ESGのE（環境）だけではなくS（社会）、さらには経済を含むサステナビリティのコンセプトを指しています。

　フィンテックをサステナビリティに活用するメリットは、とどのつまり効率性と信頼性の向上にあると考えられます。

　すなわち、フィンテックがサステナビリティに大きな役割を果たす要因の一つは、膨大なデータを低コストでスピーディかつ正確に収集・分析して、それを環境や社会、経済の課題の解決に役立てるところにあります。このように、ブロックチェーン、IoT、AIによるデータパワーアップがサステナビリティの推進のドライバーになっているといっても過言ではありません。

　例えば、グリーンファイナンスの分野で進展著しいグリーンボンド（環境債）へのフィンテックの活用は、ブロックチェーン、IoT、AIとの三位一体で実践されます。

　この三位一体のダイナミズムを順を追ってみると、まず、IoTに組み込まれたいくつかのセンサーから収集したデータが蓄積されて、膨大なデータベースとなります。そうしたビッグデータは、信頼性、追跡可能性、安全性が重要となります。

　そこで、ブロックチェーンのプラットフォームにIoTを結びつけることにより、データの信頼性等を確保します。そして、ブロックチェーン上のビッ

グデータはAIにより分析され、ユーザーにフィードバックされます。このように、ブロックチェーン、IoT、AIの三位一体はグリーンボンドのDX（デジタルトランスフォーメーション）に大きく寄与する役割を果たすことが期待されます。

　また、風力発電の場合を例にとると、発電機に設置されているセンサーが風車の稼働・発電状況とそれに伴い予想される炭素削減のデータをブロックチェーンにアップロードします。それを受けてAIは解析アルゴリズムにより複雑で難解なデータを投資家に分かりやすいような形にします。

　こうした投資家に対するレポーティングの作業を人手に依存した場合には、莫大な時間とコストを要することになります。

【図表1】 ブロックチェーンとIoT、AIの三位一体の概念図

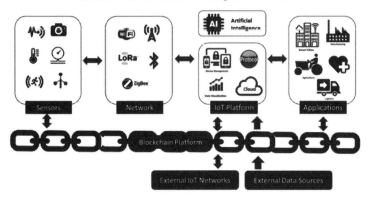

（出所）Mohit Agrawal "IoT, Blockchain & Artificial Intelligence–The New Holy Trinity" QuantaLeap 2019.7.15

第Ⅰ部

サステナビリティ×フィンテック：
BIA三位一体（ブロックチェーン、IoT、AI）＋ビッグデータ

第1章

サステナビリティブロックチェーン

　ビットコインをはじめとする仮想通貨（暗号資産）の要素技術として知られるブロックチェーンは、その領域を漸次拡大するなかで、金融以外のさまざまな分野に応用できる技術であることを証明しています。

　すなわち、ブロックチェーンの応用分野は仮想通貨に限らず、金融・証券・貿易をはじめとする産業、そして、環境、社会課題のソリューション、サステナビリティの技術基盤として注目されています。

　ブロックチェーンは、ビットコインの発掘（mining）にみられるように電力を大量に消費することからむしろ環境問題を悪化させるとの強い批判（この批判への対応策は5．ブロックチェーンと電力消費の項、参照）がありますが、ブロックチェーンのP2P（Peer to Peer）やDLT（Distributed Ledger Technology、分散型台帳技術）ネットワーク等の側面は、インクルーシブ、ESGレジリエント、サーキュラーエコノミー等、サステナブルな環境や社会経済の促進に大きく寄与するポテンシャルを持っています[1]。

① ブロックチェーンの仕組みと特性

（1）分散型データベース

　ブロックチェーンと既存システムの相違点をみると、既存システムではすべての取引が銀行、証券会社、クレジット会社等の中央管理機関を介して行われるという形で、参加者間は中央管理機関に繋がれています。したがって、中央管理機関は自己の顧客の取引データの台帳をそれぞれ持つこととなります。

　これに対して、ブロックチェーンではネットワークに繋がった各peer（ネットワークの参加者）は、自分が取引したデータだけではなく、ネットワークに繋がっているすべてのノードの取引データを記録した台帳を持ちます。すなわち、取引の記録はネットワーク上のノードに保存されます。ここでノードとは、ネットワーク上で基本となるコンピュータで、パソコンやスマホ、タブレット等のデジタルデバイスを指します。

　このように、ブロックチェーンでは、ネットワークを介して行われる取引データが各ノードに保存されます。したがって、各ノードがすべて同一の内容の台帳を分散して持つこととなり、これを分散型台帳（distributed ledger）と呼んでいます。ネットワークのすべての参加者は、リアルタイムで分散型台帳のデータを閲覧することができます。

　こうして保存された取引データの履歴のかたまりがブロックで、ブロック

【図表1】中央集中管理型と分散管理型

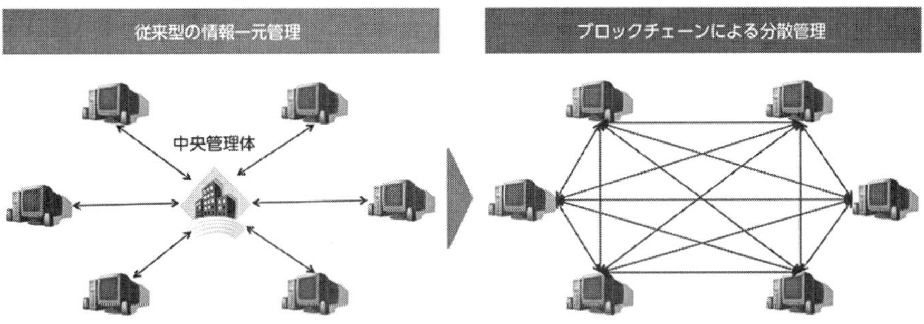

（出所）総務省平成30年版 情報通信白書

は取引台帳を構成する1ページであり、そしてブロックは時系列に繋がれていることからブロックチェーンと呼ばれます。ブロックチェーン全体は、過去からの取引データをすべて記録した総取引元帳であるとみることができます。

（2）P2P

　ブロックチェーンの基本となる仕組みは、P2P（Peer to Peer）で、ネットワークで繋っているパソコン等のノードやそれを操作する参加者（peer）同士で直接データをやり取りします。

　伝統的な方式は、クライアント（パソコン等）とサーバーがネットワークで接続される形で情報交換を行うクライアント・サーバーシステム（CSS、C/S）です。

　クライアント・サーバーシステムでは、サーバーがデータベースやアプリ等のソフトウェアの資源やプリンター等のハードウェアの資源を集中管理し、クライアントはサーバーにアクセスしてサーバーが管理する資源を利用します。このように、クライアント・サーバーシステムは、クライアントがサーバーにある要求をリクエストして、それにサーバーがリスポンスするリクエスト・リスポンス方式となります。

　これに対して、P2Pは、ネットワークに接続されたノードがネットワーク上で繋り、この結果、ノードと別のノードとが直接に情報交換する、つまり、ノードを保有・操作するpeerと別のノードを保有・操作するpeerとが直接に情報交換するP2Pの形をとることになります。

② ブロックチェーンの特徴

　ブロックチェーンの主な特徴は、次の3点に整理することができます。このうち、独特の方法による不正取引の阻止がブロックチェーンの最大の特徴になります。

（1）オープンソースによる不正取引の阻止

　伝統的なシステムでは、取引データは集中管理が行われ、中央管理機関によって取引データの改ざん等が防止されて取引の正当性が担保されます。

　しかし、ブロックチェーンの基本的な仕組みは、取引データがネットワーク参加者に分散されて記録・統治されるオープンソースの形をとります。そして、ブロックチェーンでは、取引データが改ざんされていないか、また、資金決済で支払い側が同じ資金を2重に使用していないか等の不正行為のチェックを確実に行うことができるシステムとなっています。

　この分散型台帳でデジタル資産の管理に使われている主要なプロトコルは、コンセンサスツールと暗号ツールです。

①コンセンサスツール：ネットワークのすべての参加者が合意したルールに基づいたアルゴリズムにより、分散型台帳に記録されます。

②暗号ツール：分散型台帳に取引を記帳する場合には、暗号化されたデジタル署名を使う必要があります。そして、取引の正当性の判定者は、暗号化ツールを使用してその正当性の可否を判定します。

　この分散管理型のブロックチェーンで取引の正当性をチェックする主体は、ネットワークに繋がったノードを保有・操作する参加者です。すなわち、ネットワークに参加している誰でも、取引データが正当であるかどうかを検証することができますが、参加者に何らかのインセンティブを与えないと、他人が行った取引の正当性を進んで証明する参加者は現れません。

　そこで、取引の正当性を証明する作業（proof of work）に難度をつけて、証明に成功した参加者に対して一定の報酬を与える仕組みとなっています。proof of workのプロトコルをどれだけ難しくするかは、ブロックチェーンをどのような目的で使うかによって設定されます。proof of workは、総当たりの試行を繰り返さなければならないように設計されていることから膨大な計算量が必要となり、大量の電力を使用して大容量のコンピュータを稼働させることとなります。

　ブロックチェーンを技術基盤とするビットコインではproof of workの報酬は新たに発行されるビットコインで支払われ、報酬を得るために競ってproof of workを行うことを採鉱になぞらえてmining、参加者を鉱夫になぞらえて

minerと呼んでいます。

　なお、上述のブロックチェーンの作りは、取引データがネットワークに接続されているすべてのノードにオープンとなることから、不特定多数の人に

【図表2】ブロックチェーンの種類

	パブリック・ブロックチェーン (public blockchains)	コンソーシアム・ブロックチェーン (consortium blockchains)	完全プライベート・ブロックチェーン (fully private blockchains)
取引の参加者	許可なく誰でも可能 (permission-less)	管理者によりあらかじめ限定 (permissioned blockchain)	1社 (自社内のノード) (permissioned blockchain)
管理者	なし （完全非中央管理型）	複数の管理者 （部分的非中央管理型）	1社
ブロックの承認参加者	誰でも可能	管理者によりあらかじめ限定	1社
取引情報の公開	ネットワーク参加者全員に公開	管理者により限定された参加者だけに公開することが可能	自社内のノードにのみ公開
ブロックの承認	不特定の参加者のマイニングによる	あらかじめ許可された参加者による承認	自社による承認 （内部チェック的なもの）
ブロックの承認の厳格性	proof of work、proof of stakeにより厳格に実施	管理者の利用目的により厳格性を調整	管理者の利用目的により厳格性を調整
ブロックの承認の所要時間	概して長くかかる （ビットコインでは10分）	短時間（数秒）にすることが可能	短時間（数秒）にすることが可能
所与の時間内における取引処理量	概して少ない	大量にすることが可能	大量にすることが可能

（出所）Vitalik Buterin"On Public and Private Blockchains"2015.8等を基に筆者作成

開示されることになるパブリック・ブロックチェーンですが、あるグループ内とか特定のノードといったように許可された限られた参加者に絞るプライベート・ブロックチェーンにすることも可能です（図表2参照）。

このようにブロックチェーンは、取引内容や参加者次第でどのプロトコルの作りにするか選択して、さまざまな取引に活用ができるポテンシャルを持っています。

（2）低コストでインフラ構築が可能

伝統的なシステムでは、サーバーのダウンに備えるために予備のサーバーを持つ冗長化とか、ハードディスクのクラッシュに備えるために同じデータを書き込むストレージの冗長化等を行う必要があり、システム維持のコストが嵩むことになります。

しかし、ブロックチェーンでは、ネットワークに接続している各ノードが同一の取引データを持つ分散管理を行うために、システムは自動的に冗長化されることになります。この結果、ブロックチェーンは、大量の取引データを記録、管理するコストを大幅に削減できるメリットがあります。

（3）堅牢性

ブロックチェーンによるシステムは、低コストでありながら極めて堅牢であるという強みを持っています。

中央集中管理の仕組みのもとでは、常に外部からのサイバー攻撃の防御に万全を期する必要があります。しかし、ブロックチェーンは、公的機関や金融機関等による仲介や認証がなくても、ネットワークに接続しているpeerが一定のルールのもとで取引データを検証することから、データの不正改ざんが極めて困難な仕組みとなっています。

また、上述の（2）でみたように中央集中管理の仕組みのもとでは、システムを障害から守って常に安定稼働するよう冗長化を図る等、その維持に多大なエネルギーとコストを費やす必要があります。しかし、ブロックチェーンは、たとえネットワークに接続されているノードの中の一部がダウンしたとしても他のノードが補完してデータ管理を行うことから、安定的にシステム

を稼働することができます。

③ ブロックチェーンとトークン

（1）トークンのコンセプト

　トークン（token）は、ブロックチェーンテクノロジーを利用して、企業や団体、個人が発行・管理する暗号資産です。

　また、トークンはネット決済の際に使う認証デバイスを指すこともあります。認証デバイスとしてのトークンには、キーホルダー型やカード型のハードトークンと、スマホがトークンとして機能するソフトトークンがあります。

　代表的な仮想通貨のビットコイン（BTC）やイーサリアム（ETH）は、それぞれ自前のブロックチェーンを使用しますが、暗号資産としてのトークンは、独自のブロックチェーンを持たず既存の仮想通貨のプラットフォームシステムを利用します。

　また、BTCやETH等の仮想通貨は、マイニングで発行され、中央で管理する主体は存在しませんが、トークンは、企業や団体、個人が仲介者を介することなく発行・管理し、発行枚数を自由に決めることができます。

（2）トークンの種類

　トークンは、その目的、機能により、さまざまな種類がありますが、主な分類としては、仮想通貨、ユーティリティトークン、セキュリティトークンがあり、このメインカテゴリーからさまざまなサブタイプが生まれています。

❶ 仮想通貨（Virtual Currency、Cryptocurrency、Crypto-Asset）
　資産の裏付けがない。
　ブロックチェーン上で決済、送金ツールとして使われる。

❷ ユーティリティトークン（Utility Token）
　トークン自体は金銭的価値を持たず他の資産に交換することにより金銭的価値を持つトークン。

ブロックチェーンをベースとするエコシステムで使われることが多い。

❸ セキュリティトークン（Security Token）

トークン自体が金銭的価値を持つトークン。株式や債券等、伝統的な有価証券や不動産、アート等の所有権を表彰する。

ブロックチェーンを利用した資金調達方法の一つとして、ICO（Initial Coin Offering、新規仮想通貨公開）がありますが、同じ有価証券の機能を付与したトークンによる資金調達方法として、STO（Security Token Offering）が出現しています。セキュリティトークンの発行は、規制当局の諸規則に合致する必要があります。

ICOと比較してSTOは、詐欺（スキャム）リスクが低く、取引が24時間365日可能で、スマートコントラクトによる仲介排除によるコスト削減等のメリットがあります。

2021年4月設立の大阪デジタルエクスチェンジは、セキュリティトークン取引所の運営を予定しています。

以上の3種類のトークンから派生して生まれたサブタイプには、例えば次のようなトークンがあります。

・ステーブルコイン（Stablecoin）

ドルやユーロ等の法定通貨に連動して価値が安定するトークン。

ステーブルコインには、Ethereum上のコントラクトプラットフォームをベースとするDai Stablecoin等があります。

・インパクトトークン（Impact Token）

エネルギー、農業、健康等のインパクト投資を誘引するトークン。大半のインパクトトークンは、ユーティリティトークンのサブタイプです[2]。

（3）金融商品取引法の改正

日本の仮想通貨関連法制については、2018年12月に仮想通貨交換業等に関する研究会の報告書が公表され、その後、2020年5月に金融商品取引法改正および関連する政省令の改正が施行されました。

　この法改正には、トークンやブロックチェーンに関わる重要な内容が含まれており、そのポイントは次のとおりです。

①仮想通貨のネーミングが暗号資産（crypto-asset）に変更されました。国際的な議論の場において、暗号資産の表現が用いられつつあることや法定通貨との混同を回避する等の理由によるものです。

②金商法の中の金融商品に、新たに暗号資産が追加されました。

③金商法の中に新たに電子記録移転権利という概念が導入されました。電子記録移転権利は、ブロックチェーン等の電子情報処理組織を用いて移転することができる財産的価値に表示される権利をいいます。そして、電子記録移転権利に該当する場合は、金商法上、株式や債券等と同じ第一項有価証券に該当することになります。これにより、金商法でセキュリティトークンオファリング（Security Token Offering、STO）発行による資金調達方法が規定されました。

④ ブロックチェーンとスマートコントラクト

　スマートコントラクトは、ブロックチェーン上のトランザクションやブロックチェーン外からインプットされる情報をもとにしてあらかじめ設定したプログラムのトリガーによって自動的（スマート）に実行される契約（コントラクト）をいいます。すなわち、ここでのスマートは、自動化を意味します[3]。

　スマートコントラクトにより、［契約の事前定義→イベント発生→執行→決済］という契約のフローがブロックチェーン上ですべて自動化されます。

　スマートコントラクトは、中央管理者を要しないネットワークで、個々のネットワーク参加者が自由に分散的ネットワーク運営による取引契約を行うなかで、契約の執行、決済が自動的になされるといったブロックチェーンが持つ特徴を活用しています。

　このように、スマートコントラクトは取引に関わる一連のプロセスが自動化されることから、改ざん等の不正防止、決済期間短縮、中央管理者不要等によるコスト削減といったメリットがあります。

⑤ ブロックチェーンと電力消費

　以下では、ブロックチェーンとサステナビリティについて検討しますが、最初にブロックチェーンが大量の電力を消費し、ブロックチェーンのテクノロジーがむしろ環境にとって高負荷になっているとの批判に対してどのような手が打たれているか、をみることとします。

（1）ビットコインのminingと電力消費

　ブロックチェーンを技術基盤とするビットコインのminingは、大規模・高性能のコンピュータを使用することによる大量な電力消費から、環境に大きな負担がかかるとの厳しい批判があります。

　ケンブリッジ大学のオルタナティブファイナンスセンター（The Cambridge Centre for Alternative Finance 、CCAF）が開発したビットコイン電力消費指数（Cambridge Bitcoin Electricity Consumption Index 、CBECI）は、世界のビットコインのminingによる電力使用量は、チリの総電力使用量を凌駕するまでになったことを示しています[4]。

　こうした状況下、2020年に世界のビットコイン産出の65％を占めていた中国は、miningによる大量の電力使用による環境へのインパクトを主な理由として、2021年初にすべてのビットコインの取引を禁止しました。

（2）proof of X

　上述のとおり、電力を大量に消費する原因はproof of workにあります。そこで、proof of workに代替するproof of stakeというアルゴリズムが考えられました。

　stakeの文字どおりの意味は持ち分であり、proof of stakeは仮想通貨等の対象資産を多く持つ参加者ほど、取引の正当性を承認することができる仕組みとなっています。これによれば、proof of stakeの作業を行うことができる参加者はかなり絞られることになります。

　しかし、このproof of stakeも欠点を持っています。それは、proof of stakeの参加者であり続けるために対象資産をため込む（hoarding）傾向が強まる

ことです。そこでproof of stakeに手を加えて、対象資産の売買の頻度（取引の回転率）が低い対象資産ほど価値を低減化させるというproof of stake velocityといったコンセンサス・アルゴリズムが開発されています。ここでvelocityは、流通速度を意味します。このアルゴリズムは、コインの保有量、取引量、取引回数を基準にコイン保有者の重要度の高い参加者にブロック生成権が付与される仕組みであることからproof of importanceとも呼ばれます。

　また、金融機関等、信頼できる企業（validator）を選定しておいてそのうちの8割が同意すれば取引の正当性を承認するproof of consensusと呼ばれるプライベート・ブロックチェーンの種類に属するアルゴリズムも開発されています。proof of consensusによれば、そもそもminingを行うこと自体を必要としません。

（3）mining機器の高性能化

　mining機器を高性能にすることにより、電力消費を節減する方法も開発されています。例えば、小型通信機器や電子部品の設計・開発・製造を行うLocofi（日）は、従来のマシーンに比べて消費電力量を1/3に抑えながら、ハッシュレート（miningで仮想通貨を稼ぐパワー）が高い小型mining機器を開発・販売しています[5]。

　また、Intelは、ブロックチェーンのproof of workのコンセンサス・アプリとして、電力使用を節減する高性能のIntel Blockscale ASICを開発・提供しています[6]。このBlockscale ASICには、温度と電力のセンサーが組み込まれていて、電力使用を抑制しながら高性能のコンピュータ能力を発揮できることを指向して、パフォーマンスと効率性のバランスを取りながらコンピュータが稼働するよう設計されています。

（4）仮想通貨と再生エネ等

　仮想通貨のminingでは、平均すると電力源として再生エネを約3割使用しています。そこで、再生エネをminingに使う場合には、コンピュータを四六時中稼働してminingするのではなく、太陽光や風といった気象条件により発電量が変化する再生エネの発電状況にマッチさせる形でコンピュータを稼働

させるminerがみられます。

　こうしたことから、仮想通貨の取引が活発になれば、そのこと自体が再生エネへのシフトを推進する役割を果たすことになり得る、との議論もあります。実際のところ、米国の決済サービス会社Squareは、ブロックチェーンテクノロジーのプロバイダーであるBlockstreamと協働で太陽光発電により稼働するビットコインのmining施設を創設するプロジェクトを推進しています[7]。なお、両社はこのプロジェクトの技術や運転コスト、ROI等の経済性をダッシュボード上で公開して、再生エネを使用するminingがクリーンエネルギーへの移行を促進するドライバーになり得ることをアピールしています。

　また、原油・天然ガスの生産時に発生する余剰ガスをminingに活用する技術も開発されています。油田の象徴としてフレアスタック（焼却設備）から使い道がない余剰ガスを焼却（フレアリング）する炎がテレビや新聞の写真で報道されます。このフレアリングは、大量のCO_2を大気に放散することになりますが、この余剰ガスをサステナブル仮想通貨のminingに活用する試みがなされています。

　米国の仮想通貨mining企業のEZBlockchainは、余剰ガスを仮想通貨のminingに使用することができる装置を開発しました[8]。同社では、これにより原油・天然ガスの企業がCO_2排出削減ができると同時に、mining企業が廉価のガスを使用して電力使用を抑制するというwin-winの関係が構築されるとしています。

⑥ デジタルグリーンボンド

（1）債券市場×ブロックチェーン

　ブロックチェーンのDLT（Distributed Ledger Technology、分散型台帳技術）は、債券市場のプレイヤー間の協働の姿を大きく変革しようとしています。

　すなわち、集中管理ではなくDLTの特徴を持つブロックチェーンは、債券の発行体や投資家の層を拡大する機能を発揮します。

　また、ブロックチェーンの活用により、DLTを使わない一般の債券に比べ

てコストの大幅削減ができるメリットがあります。

さらに、DLTによる債券発行の自動化は、ソフトウエアによる債券の仕様決定等、標準的な債券発行を促進します。例えば、スイスのフィンテックベンチャーが開発したプロジェクトであるblockchainbond.ioは、ソフトウエアのBonds as a Serviceを世界の債券発行体に提供することにより、少額元本の債券でも発行を容易にしています[9]。このblockchainbond.ioにより分散型台帳を通して発行されるブロックチェーンボンドには、次の特徴があります。

❶ デジタリゼーション

ブロックチェーンテクノロジーを使って債券投資をするニーズに幅広く応えることが可能である。ブロックチェーンプラットフォームは、機関投資家のみならず個人投資家にもオープンである。

❷ グローバルな投資

債券の発行体にとっても投資家にとっても、地理的な障壁を排除したいとするニーズに応えることが可能である。また、発行代わり金を仮想通貨でも法定通貨でも払い込むプラットフォームにすることができる。

❸ 分散処理

債券を安全・迅速に発行したいニーズに応えることが可能である。また、blockchainbond.ioには、AIとスマートコントラクトの技術が組み込まれており、KYC（Know Your Customer）やマネーロンダリング防止（Anti-Money Laundering、AML）機能を具備している。

CASE STUDY
👉 世銀債とブロックチェーン

ブロックチェーンを活用して一般の債券を発行した最初のケースは、世界銀行が豪州のコモンウエルスバンクとパートナーを組んで発行した債券です。なお、この債券への投資家は、事前に世界銀行とコモンウエルスバンクの承認を得る必要があります。

世界銀行とコモンウエルスバンクが構築したブロックチェーンは、プライベートEthereumで、発行者によりごく少数のノードがシェアされ、承認を受けた投資家のみがプラットフォームにアクセスすることが可能となっています。また、規制当局に1台のノードが提供されています。

この取引では、コモンウエルスバンクのデジタルイノベーション部署がEthereumブロックチェーンのプライベート版のスマートコントラクト・オートメーションにより世銀債の登録、発行、決済、カストディアンの各プロセスを実施しました。

（2）デジタルグリーンボンド×ブロックチェーン

一般の債券にブロックチェーンを活用した場合には、債券発行コストの節減や発行主体と投資家との間に直接の関係が生まれる等の効率性が実現します。

さらに、グリーンボンド（環境債）にブロックチェーンを活用すれば、ブロックチェーンの特性が一段と発揮されることとなります[10]。

❶ グリーンボンドにブロックチェーンを活用するメリット：ボンドに関わる主体の側面

i　発行体のメリット：カストディアンの手を借りることなく債券を直接、安全、スピーディに発行することができる。

ii　投資家のメリット：すべての取引の透明性が確保されていることからデータを突合してチェックする必要がない。

iii　規制当局：リアルタイムでデータを把握できる。

そして、発行されたグリーンボンドは、発行の際に使われたのと同じブロ

ックチェーンのプラットフォームによって流通市場に提供されます。

　ブロックチェーンを使ったグリーンボンドの発行・流通は、それに関わる仲介者数の削減、発行体と投資家との直接の情報交換等のメリットがあります。

　このように、ブロックチェーンにIoTやAIを組み合わせるBIA Trinity（ブロックチェーン、IoT、AIの三位一体）テクノロジーによりグリーンボンドのDX（デジタルトランスフォーメーション）が実現します[11]。

❷ グリーンボンドにブロックチェーンを活用するメリット：ボンドの発行から流通までのプロセスの側面

ⅰ　債券発行・流通に関わるプレイヤーの削減

　ブロックチェーンは、債券発行・流通に関わる多くのプレイヤーの仕事を肩代わりします。債券の発行や流通において、スマートコントラクトを使うことにより、販売業者等の関与を無くして、発行者、投資家、引受業者に対して透明性を高め、リスクを軽減することができます。

　また、銀行にとってはマーケットメイクや投資家を管理する役割が大幅に減少することになりますが、アドバイザーやKYC（Know Your Customer）プロセスにおける信頼ある判定者として重要な役割は保持されることになります。

ⅱ　データの収集とレポーティング

　グリーンボンドの場合には、データ収集と投資家に対するレポーティングの面で通常の債券にグリーンパフォーマンスのデータが加わることになります。

　すなわち、発行体は、

a. グリーンボンドの発行代わり金をどのようなプロジェクトに振り向けたか
b. プロジェクトがどのように稼働しているか
c. プロジェクト稼働によるCO_2削減効果等のインパクトはどうか

　等のデータを収集して、それを投資家にレポートすることが必要となり、これがグリーンボンドの場合、通常の債券に比べると負荷的な要素となります。

しかし、ブロックチェーンの活用によって、発行代わり金の使途やインパクトの状況等をより正確、詳細にトレースすることが可能となるとともに、それを投資家にスピーディにレポートすることができます。

ⅲ　効率的な発行・販売

債券は、期間、元本、クーポンレート、リスク格付け等、多くの変数を持つ複雑な金融商品です。

取引所に上場する債券はシンプルな仕様が求められ、したがって複雑な仕様を持つ債券はブローカーを通じて直接投資家に販売されるか、OTC（店頭販売）で流通されることとなります。取引所取引に比べると、こうした流通方法は、投資家の探索やマッチングに多大の労力を使うことになります。

しかし、スマートコントラクトによれば、発行・流通とも完全に自動化され、また、競争入札等の手続きを取り扱うことも可能です。

ⅳ　突合点検における効率性

スマートコントラクトでは、データがブロックチェーンに記述されることから、人手によるチェックは不要となります。

また、暗号署名（デジタル署名）により改ざんが防止され、2人掛かりでエラー等をチェックする手間を省くことができます。

ⅴ　決済の効率性

スマートコントラクトでは、資金と資産を分別した決済プロセスではなく、デジタル資産とトークン（Stablecoin）との交換を同時に行うスキームとすることができます。

そして、トークン化のプロセスを経てブロックチェーンプラットフォームに組み込まれたグリーンボンドは、満期到来となると、仲介業者無しで投資家と発行主体との間で決済が行われます[12]。

Stablecoinは、スマートコントラクトを通して配当を支払うことができます。決済にStablecoinを使用することにより、カウンターパーティリス

クの排除に加えて決済コストを大幅に削減することができ、また、2、3日かかる決済プロセスが即時に可能となります。

❸ グリーンボンドへの信頼性の向上

グリーンボンドマーケットの一段拡大のためには、グリーンボンドへの信頼性向上が必須条件となりますが、この側面でもブロックチェーンが威力を発揮します[13]。

ブロックチェーンを使用したグリーンボンドは、次の3点によりグリーンボンドの信頼性向上に寄与します。

ⅰ インパクトの検証は、第3者が行うのではなく、グリーンプロジェクトに備え付けられたセンサーから送られる追跡可能でトークン化されたデータにより行われる。

ⅱ 決済にStablecoinを使えば、グリーンボンドの発行代わり金の流れと使途を完全な透明性でもって把握することができる。

ⅲ すべての投資家は、グリーンボンドに投資した資金がどのような展開をみせているかをリアルタイムでモニタリングすることができる。

物理的な対象物とグリーンボンドの発行代わり金とをつなぎ合わせるためにはグリーンプロジェクトのパフォーマンスに関するデータが必要となります。

こうしたデータの収集を手作業で行った場合には、データの質的低下やコストが嵩むという問題があります。そこで、DLT（Distributed Ledger Technology、分散台帳技術）に加えてその周辺のテクノロジーを活用することにより自動データ収集が可能となる途が拓かれます。

すなわち、IoTとDLTと組み合わせてグリーンボンドの発行代わり金がグリーンプロジェクトにどのように使われているかをプラットフォームの参加者にデータトークンにより自動的にレポートするといったことが試行されています。

これは、グリーンアセットに組み込まれたセンサーのRFIDタグやブロックチェーンにリンクするチップからデータトークンが送信されて、支払い等のタスクを行うようにプログラムを組むという形で、IoTとブロックチェー

ンを活用するという試みです[14]。

　こうしたアプローチは、まだグリーンボンドマーケットに幅広く適用されるまでには至っていませんが、先行き本格適用となれば、多くのグリーンアセットやグリーンプロジェクトがグリーンボンド発行適格になることが期待できます。

❹ インパクトの証明

　一般の債券でも、ブロックチェーンによる効率化メリットを享受できますが、さらにグリーンボンドの場合には、グリーボンド特有のインパクトの証明（Proof of Impact）という課題にDLTソリューションが活用できるメリットがあります。

　リアルエコノミーのデータは、グリーンアセットに付けられたセンサーからブロックチェーンに直接アップロードされます。そして、AIの解析を経てリアルタイムで投資家に示されて、インパクトの存在を明らかにします。このように、ブロックチェーンとIoT、AIの連携によりグリーンプロジェクトのパフォーマンスの状況が自動的に把握可能となります。

　例えば、風力発電の場合には、発電機に設置されているセンサー（IoT）が風車の稼働状況とそれに伴い予想されるCO_2削減のデータをブロックチェーンにアップロードします。それを受けてAIは解析アルゴリズムにより複雑で難解なデータを投資家に分かりやすいような形にしてレポートします。

❺ デジタルグリーンボンドのコスト節減効果

　債券の発行にはさまざまなコストを要し、また実際の発行に至るまで長い期間を要することから機会費用も発生します。

　これに対して、デジタルグリーンボンドは、コスト節減に大きな効果を発揮します。これは、仕様決定、価格設定、格付け、レポーティング、ブローカー手数料等の削減によります。

　具体的には、ブロックチェーンが債券ブローカーの仲介の役割を代替することになり、債券発行に関わるさまざまなコストが削減され、また、債券の元本の大小が発行コストに影響することはなくなります。例えば、元本1千

ドルのグリーンボンドの発行も1千万ドルの発行もコストは基本的に同一となります。

　したがって、グリーンボンドの発行体が発行に関わる諸々のコストが嵩むとの理由から発行をギブアップするようなことはなく、グリーンボンドマーケットはすべての発行体に開かれたマーケットになります。

　このように、グリーンボンドの発行体にとってブロックチェーンの活用によるコスト低減は大きなメリットであり、これにより中小の発行体にとってもグリーンボンドの発行機会が増え、また、小規模のグリーンプロジェクトもグリーンボンドによる資金調達の途が拓かれることが期待できます。また、投資家は少額の資金でもグリーンボンドを購入することができるようになります。

CASE STUDY
👍 ブロックチェーン使用のグリーンボンドと不使用のグリーンボンドのコスト比較

　ブロックチェーン使用のグリーンボンドと通常のグリーンボンドのコストを比較すると、ブロックチェーン使用のグリーンボンドの方が通常のグリーンボンドに比較して約10分の1のコストしかかからない、との分析結果が出ています[15]。

　HSBCとSustainable Digital Finance Allianceは、ブロックチェーンを使用したグリーンボンドと使用しないグリーンボンドのコストを比較しています[16]。データ採用の基準は次のとおりです。
・元本1億ドル、期間20年という典型的なグリーンボンドのデータを採用。
・ブローカレッジ、リーガルフィー、プラットフォームフィー等のプロフェショナルサービスにかかるコストのほか、BAU（Business As Usual、通常業務）として会社に吸収されている隠れたコストも勘案。
・各プロセスに要する所要時間を勘案。
・機会費用を勘案。
・ブロックチェーン使用のグリーンボンドと不使用のグリーンボンドともに、一般に行われているプロセスやインパクト等の検証を採用。

【図表3】ブロックチェーン使用のグリーンボンドと普通のグリーンボンドのコスト比較　（単位：米ドル）

グリーンボンドの各プロセス	普通のグリーンボンドのコスト	ブロックチェーン使用のグリーンボンドのコスト
仕様設計、価格設定、リスク格付け	1,000,000	20,000
法的チェック	100,000	40,000
投資家の適正チェックとマッチメイク	500,000	n/a
内部検証とグリーンの分類	50,000	20,000
第3者による検証とグリーンのベンチマーク	50,000	5,000
登録と上場	15,000	n/a（ブロックチェーン取引所で販売の場合）
ブローカレッジと販売	1,500,000	40,000
支払い、決済	機会費用：84,000	0
カストディ	350,000	2,000（ブロックチェーンの機能）
データ収集（満期まで）	1,200,000	350,000（含むIoTデバイス）
データ整理（満期まで）	400,000	115,000
レポーティング（満期まで）	1,200,000	100,000
合計	6,449,000	692,000

（注）2019年7〜9月の基礎データを使用
（出所）HSBC Centre of Sustainable Finance、Sustainable Digital Finance Alliance
"Blockchain：Gateway for Sustainability linked Bonds" p.17

　ブロックチェーン使用のグリーンボンドにおいても、例えば法的チェックにかかるフィーのように完全にゼロにすることはできないものの、合計でみると普通のグリーンボンドのコストに比べて劇的な低下となっています。
　この比較では、グリーンボンドマーケットは現状のままを前提としていま

すが、ブロックチェーンを使った自動化が発行サイドだけではなく投資家サイドにも普及していけば、現在より小口のグリーンボンドの発行が増加して、コストの一段低下を期待することができます。

❻ グリーンボンドに対する投資家層の拡大

　グリーンボンドへの投資家の需要は、漸次強まりをみています。こうした状況下、ブロックチェーンによる発行コスト削減と取引のスピードアップは、発行体が背負う面倒で低スピード・高コストの手続きを軽減するとともに、裾野の広い投資家層の需要に応える市場環境を形成することが見込まれます。

　また、ブロックチェーンを組み込んだデジタルグリーンボンドは、単に効率性の向上だけではなく、さらにグリーンアセットをいくつかのグリーンボンドに分けることと、逆に細かなグリーンアセットを一つのグリーンボンドにまとめることができるという2つの点でグリーンボンドマーケットのDX（デジタルトランスフォーメーション）に向けて寄与することが期待されます[17]。

　こうしたさまざまな要因によって、ブロックチェーンを使ったグリーンボンドは、より多くの投資家をグリーンボンドマーケットに誘引して、マーケットの裾野拡大を推進することが予想されます。

❼ デジタルグリーンボンドの発展に向けての課題

　世界のグリーンボンド市場は、5千億ドルの規模までに拡大しています[18]が、ブロックチェーンを活用してセキュリティトークン（トークンという形でデジタル化された証券）でグリーンボンドを発行したケースは、未だ数少ない状況にあります。デジタルグリーンボンドは、日、英、米、独、スイス、スペイン、エストニア等において発行例があり、こうした諸国で共通の要素は、セキュリティトークン等の適法性が明確になっていることです[19]。

　また、ルクセンブルグ、シンガポール、モーリシャス、セーシェル、フィリピンもデジタルグリーンボンドマーケットが形成される素地があります。例えば、ルクセンブルグでは、暗号資産に対する規制の枠組みを公表して、グリーンボンドをトークン証券（Tokenized Securities）として規制の対象としています。このように、規制内容をクリアーにして、さらに税制面で優遇す

れば、小規模のDLT（Distributed Ledger Technology、分散型台帳技術）グリーンボンドが発展して、個人もグリーンボンドに投資する機会が生まれることが期待できます。

ⅰ　日本

2020年5月の金融商品取引法（金商法）の改正によって、ブロックチェーン等を活用して電子的に発行・移転ができる有価証券や権利は、電子記録移転有価証券表示権利等（セキュリティトークン、デジタル証券）と位置づけられて、株式、社債、信託受益権、集団投資スキーム持分等として規制対象となるという形で取り扱いが明確化されました。これにより、有価証券届出書、有価証券報告書の提出義務等の開示規制が課されることとなります。

ⅱ　スイス

スイスは、アセットトークンとしてセキュリティトークンを規制しています。また、取引所においてセキュリティトークンを取引しており、欧州におけるブロックチェーングリーンボンドのリーダーの地位の獲得に向けて注力しています。

ⅲ　ルクセンブルグ

ルクセンブルグは、早くからセキュリティトークンの法的枠組みを公表した国の1つです。なお、ルクセンブルグ・グリーン証券取引所（Luxembourg Green Exchange、LGX）に世界の半数に上るグリーンボンドがアクセスする等、LGXはグリーンボンドのパイオニアとみられています。

ⅳ　シンガポール

シンガポールには、セキュリティトークンについて他の証券と同様、明確に定義した法的枠組みがあります。またこの点で当局は、銀行部門から技術的なイノベーションが生まれることを歓迎するスタンスをとっています。

v　フィリピン

　　フィリピンの規制当局は、セキュリティトークンについての枠組みを公表、そして気候変動に起因する自然災害の発生をみて、グリーン投資を後押ししています。また、当局はグリーンボンドマーケットの透明性を向上させる目的からブロックチェーングリーンボンドの試行の機会を提供しています。

　　今後、グリーンボンドマーケットの発展にブロックチェーンの機能がより一層活用されるためには、グリーンボンド原則・基準に沿ったデジタルアセットの扱いについての規則が整備されることが前提となります。

　　例えば、発行体はブロックチェーンの活用により、自身でグリーンボンドプラットフォームを構築して、それをベースにして低コストでデジタルグリーンボンドを創ってセキュリティトークンによりマーケットに流通させるDIYグリーンボンドを発行する、ということも考えられます。

　　これにより、中小企業であっても高額の費用を払って証券会社や銀行等による仲介サービスを受ける必要がなくなり、直接マーケットにグリーンボンドを発行することができるようになります。

　　それには、グリーンボンドマーケットのさらなる発展を後押しする資金の流れが促進されるとともに、デジタルグリーンボンドの発行・流通が可能な枠組みの一段の整備が必須です。そして、これによりデジタルアセットの安全性が明確となり、投資家が信頼してデジタルグリーンボンドに資金を投入できるマーケットの基礎が構築されることとなります。

　　グリーンボンドマーケットでのブロックチェーンの活用は、今後大きく発展することが見込まれますが、マーケットの環境整備によってグリーンボンドマーケットに革命的な変化と成長のスピードがもたらされることが期待されます。

（3）デジタルグリーンボンドの実践

　以下では、デジタルグリーンボンドの発行例をみることにします。

CASE STUDY

👉 **BBVAによるブロックチェーンを活用したグリーンボンドの発行**

　2018年初から、いくつかの金融機関が債券の仕様決定、発行、移転にブロックチェーン技術を使っています。そして、世界最初にブロックチェーンプラットフォームのネットワークにグリーンボンドを組み込んだグリーン・ブロックチェーン・ボンドを発行した主体は、スペインのBBVA（Banco Bilbao Vizcaya Argentaria）です[20]。

　2019年にBBVAは、世界初のブロックチェーンを活用したグリーンボンドを35百万ユーロ発行しました。

　BBVAでは、すでに2018年にブロックチェーンを使って融資やリボルビングクレジット、保証の供与を行っていますが、ブロックチェーンを使ったグリーンボンドの発行はこれが初めてです（図表4）。このグリーンボンドは、セカンドパーティオピニオンとして世界的な認証機関のDNV GLから認証を得ています。

　BBVAは、ブロックチェーン使用のグリーンボンドの発行代わり金をBBVAのサステナブル開発目標達成のためのグリーンプロジェクトに充てています。

　BBVAが活用したブロックチェーンは、Hyperledger Fabric開発のプライベート・ブロックチェーンで、承認を受けた投資家だけがプラットフォームにアクセスして取引できます。そして、発行後の取引はパブリックEthereumに登録され、すべての取引は完全な透明性が確保されています。

　BBVAでは、DLTを使うことにより投資家のニーズを汲みとるための交渉も短時間で行うことができる等、発行までのプロセスが簡単なものとなり、またドキュメントの発行もデジタル化され効率化に大きく寄与したとしています。

　BBVA発行のグリーンボンドの投資家はスペインの保険会社のMAPFREです。ブロックチェーンプラットフォームを活用すれば、投資家のニーズに応えてさまざまな仕組債（Structured bond）を作り出すことができます。実際

のところ、BBVAはMAPFREの要求に沿ってブロックチェーンプラットフォームを使ってこのグリーンボンドのスペックを5年物ユーロスワップレートに連動する6年債としています[21]。

また、MAPFREは、イノベーティブでサステナブルというMAPFREの投資政策が指向する2つの要素にマッチするグリーンボンドに投資することにより、MAPFREの投資ポートフォリオの分散化効果が期待できるとしています。

【図表4】BBVAによるブロックチェーンを使った投資ポートフォリオの内容

実行年月	タイプ	金額 （百万ユーロ）	ローン等の供与先
2018.4	コーポレートローン	75	Indra Minsait
2018.6	リボルビングクレジット	325	Repsol
2018.7	コーポレートローン	100	ACS
2018.11	シンジケートローン	150	Red Electrica
2018.12	タームローン	150	Porsche
2018.12	シンセティックギャランティー	60	European Investment Bank
2019.2	グリーンボンド	35	MAPFRE（投資家）

（出所）Ledger Insights "BBVA issues structured bond to MAPFRE using blockchain" 2019.2.19

👉 日本取引所グループのグリーン・デジタル・トラック・ボンド

❶ グリーン・デジタル・トラック・ボンド

日本取引所グループ（JPX）は、2022年6月、日本最初のセキュリティトークンによるグリーンボンドを発行しました（総額5億円、パー発行、利率年0.050％、1年満期）[22]。

このデジタル債は、公募STO（セキュリティトークン・オファリング）のスキームで発行されました。STOは、発行会社が従来の株式や社債等に代わり、ブロックチェーン等を用いて発行するトークンに株式や社債等を表示するセキュリティトークンにより資金を調達するスキームで、セキュリティト

ークンとして機関投資家向けの公募という点でも日本最初のケースとなります。

JPXでは、セキュリティトークンを利用したグリーンボンドの大きな特徴であるグリーンボンドの透明性を高めてグリーン性指標を可視化するためにデータを追跡（トラック）する点を捉えて、このグリーンボンドを「グリーン・デジタル・トラック・ボンド」と名付けています。

JPXは、セキュリティトークンによるグリーンボンドの発行が、今後多くの発行会社に利用されるスキームとなることを指向して、JPX自らが第1号を発行して、セキュリティトークンによるグリーンボンドに関わる発行会社や投資家の課題に対応することにしています。

特にJPXでは、グループ全体で消費する電力の100％を再生エネに切り替えて2024年度までにカーボンニュートラルの達成を目指しており[23]、その一環としてグリーン・デジタル・トラック・ボンドによる調達資金を太陽光発電への投資、廃食用油を燃料とするバイオマス発電設備への投資金額の一部

【図表5】グリーン・デジタル・トラック・ボンドのスキーム概要

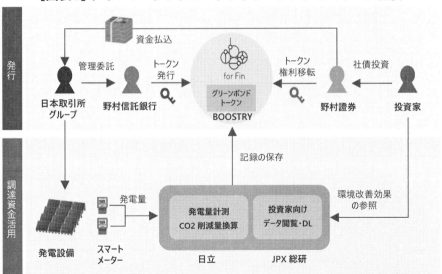

（出所）JPX、JPX総研「国内初のデジタル環境債であるグリーン・デジタル・トラック・ボンドの発行条件を決定」2022.6.1

に充てる計画にあることから、これは文字通り実需に基づくCASE STUDY
となります。

❷ デジタル債を発行するプラットフォーム

　JPXのデジタル債は、株式会社BOOSTRYのセキュリティトークンのプラ
ットフォームであるibet for Finを使っています。

　このibet for Finは、ブロックチェーン技術を用いて発行等が行われる有価
証券であるセキュリティトークンを取り扱うためのブロックチェーンネット
ワーク（ibet for Finネットワーク）を運営するibet for Finコンソーシアムに
より運営されます。参加企業が共同で運営を行うibet for Finネットワークで
発行されるトークンや取引手段はネットワーク内で標準化されており、参加
者は一定のルールに従いブロックチェーン上のスマートコントラクトやデー
タを組み合わせて活用することができます。

　そして、このプラットフォーム上に発電量/CO_2削減量を記録することに
より、データの信頼性を高めることが可能となり、また、従来型の社債では

【図表6】ibet for Finネットワークのスキーム

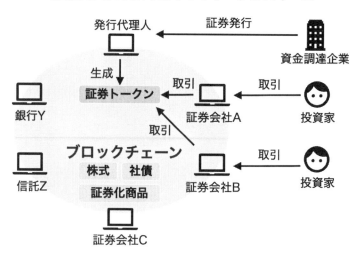

（出所）株式会社BOOSTRY「金融機関による分散型金融ネットワーク」

困難であった発行会社による社債権者の継続的な把握等ができるといったセキュリティトークンの特性をIRに活用することができます。

❸ セキュリティトークンによるグリーンボンドに関わる課題と対応
i 発行会社の課題とJPXの対応

　一般的な社債は、投資家に対して調達資金の用途を財務状況等により報告することになりますが、グリーンボンドに関わるレポーティングでは投資家に対して調達した資金が確実にグリーンな用途に充当されたこと、およびグリーンな効果が得られていることを定期的にレポートすることが求められます。そのためには、グリーンプロジェクトからデータを取得してグリーン性指標に換算したうえでレポートに集計するという煩雑な作業が必要となります。

　こうした発行体が抱えることになる課題に対して、JPXではデータの取得と集計を自動化することによりグリーンボンドに関わる発行体の管理コストと開示コストの低減を実現しています。前述のとおり、JPXはグリーンプロジェクトに再生エネ発電を設定しています。このケースでみると、従来であれば発行会社は再生エネ発電設備運営者が提供するツールを用いて自ら発電量を取得して、それを集計してグリーン性指標に換算する必要があります。

　JPXは、こうした作業負担を解消するため、投資家にレポートするグリーン性指標を化石燃料による発電と比較したCO_2の削減量としました。具体的には、再生エネ発電設備に付けられているスマートメーター等から、日立が開発のSustainable Finance Platform（SFP）に対して1時間に1度、発電量データを連携します。連携された発電量はSFPの中で、環境省から示されている排出係数を用いて直ちに化石燃料対比のCO_2削減量に自動的に換算され、発電量とともにデータベースに記録されるようにしました。この結果、発行会社はレポート作成のためのグリーン性指標の集計を行う作業は不要となります。

ⅱ 投資家の課題とJPXの対応

投資家は、グリーン投資の効果をタイムリーに取得し、複数の投資先を横比較するニーズがありますが、こうしたニーズが十分に満たされない恐れがあります。

すなわち、発行会社から投資家へのレポーティングは通常、年1回行われ、多くは統合報告書の一部として公表されています。この発行会社のレポートが質・量ともに充実している場合は問題ありませんが、発行会社によってはレポート内容が簡素で投資家が必要とする情報が十分に得られない恐れがあり、またレポーティングが年1回であることやレポート作成自体にも時間がかかることから、情報の迅速性の点にも課題があります。

JPXは、こうした課題に対応するために、リアルタイムで発電量とグリーン性指標が記録されているSFPを投資家が直接閲覧することができるweb画面を提供しています。web画面では、1時間毎に更新される各発電設備の発電量・CO_2削減量の確認ができます。また、過去データも閲覧およびデータダウンロードが可能となっています。

❹ セキュリティトークンのコントラクトへのデータ記録

上述のJPXのスキームで取得された発電量とグリーン性指標は、最後にセキュリティトークンのコントラクトに記録されます。

このように日々の発電データ等をセキュリティトークンに書き込む仕様とすることにより、データの改ざんを防ぎ、仮に改ざんが行われた場合にも直ちに検知できるというグリーンウォッシュに対応するスキームとなっています。

また、JPXでは先行きこのスキームがサステナビリティリンクボンド（下記コラム参照）に応用できることを指向しています。すなわち、発電量やグリーン性指標をセキュリティトークンのスマートコントラクトに記録されると、必要な期間のデータが蓄積されたら目標達成状況を判断して利払額を算出する作業をすべて自動化することが可能となります。

> ### コラム 🌲 サステナビリティリンクボンド

　サステナビリティリンクボンド（Sustainability linked bond）は、発行体が事前に設定したサステナビリティ目標を達成したかどうかによって、クーポンレート等、債券の財務的、構造的特性が変更となる債券です。

　サステナビリティリンクボンドは、KPI（Key Performance Indicator）、SPTs（Sustainability PerformanceTargets）をはじめとする5つの要素で構成されます。

【図表7】サステナビリティリンクボンドの5要素

要　素	内　容
要素1 KPIの選定	KPIは、次の要素を含むべきである。 ・発行体のビジネス全体に関連性があり、重要で、発行体のビジネスに戦略的に大きな意義のあるもの ・測定可能、または定量的なもので、外部からの検証が可能、かつベンチマーク化が可能なもの
要素2 SPTsの設定	SPTsは次のように意欲的であるべきである。 ・各KPIの大幅改善に結びつけられており、従来通りの事業（Business as Usual）シナリオを超えるもの ・できればベンチマークや参照可能な外部指標と比較可能なもの ・事前に設定された発行体の全体的なサステナビリティ戦略と整合的 SPTsは、次の点について明示すべきである。 ・目標達成に関するタイムライン ・KPIの改善を目的としたベースライン・指標、およびそれが採用された理由
要素3 債券の特性	利率の変動が典型的な例であるが、設計上はサステナビリティリンクボンドの財務的・構造的特性の変更について考慮することも可能
要素4 レポーティング	発行体は、最新の情報を入手可能な形で開示する必要がある。 ・KPIのパフォーマンス ・検証保証報告書において、SPTsの達成状況を踏まえた債券の財務的・構造的特性の変更の有無に対する影響およびそのタイミング

要　素	内　容
要素5 検証	発行体は少なくとも年1回、判定対象期間のSPTsの達成状況について監査法人や環境コンサルタント等の外部レビュー機関より独立した外部検証を受けるべきである。

（出所）ICMA "Sustainability-Linked Bond Principles Voluntary Process Guidelines" 2020.6

⑦ ブロックチェーンと再生エネのプロシューマー

　ブロックチェーンは、サプライチェーンにおいてグリーンを証明するツールとして活用されています。

　例えば、P2Pのネットワークで、再生エネで生まれた余剰電力の取引を行う個人（電力の生産者であり消費者でもあることからプロシューマー（prosumer）と呼ばれる）が電力を売却する際にグリーンな電力であることを証明するトークンを付してブロックチェーンを使って取引するといったケースがみられています[24]。

【図表8】ブロックチェーンを使ってソーラーパネルを持つ家庭から電力消費者へ送電

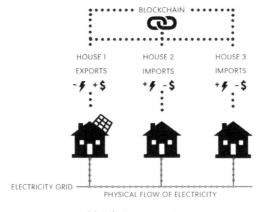

（出所）Power Ledger

CASE STUDY

👉 Solara Systems

Solara Systems（独）が開発したIoTセンサーのSolara Hardware Moduleを
ソーラーパネルに取り付けることにより、ブロックチェーンの能力を具備し
たチップがソーラーパネルから生みだされた電力の情報を収集して、それを
トークンを使ってブロックチェーンに伝達する仕組みが形成されます。

Solara Systemsでは、このようにトークンがグリーンボンドソーラーアセ
ットを表彰するツールになることで、特にミレニアル層にとってソーラーア
セットの所有者になる魅力が一段と増すことが期待されるとしています。

ソーラーパネルに取り付けられたSolara Hardware Moduleは、透明性を持
ってソーラーパネルのパフォーマンスを監視します。そして、トークンが自
動的に重要な情報を収集して改ざん不可能なデータとします。また、グリー
ンアセットの稼働開始から現在までのパフォーマンスをデジタルにすること
でグリーンアセットへの投資家を含むすべてのDLTネットワークへの参加者
がこれをみることができるようになります。

こうした透明性が、投資家とソーラープロジェクトのマネジャーとの間の
信頼を強め、延いては広い層への投資家の拡大に資することになります。

👉 SolarCoin

SolarCoin（SLR）は、太陽光発電が地球環境を守るカギになるとの確信を
持ったボランティアがSolarCoin基金を創設して発行を始めた仮想通貨です。
SolarCoinは、太陽光発電設備所有者に対してブロックチェーンをベースとす
るプロトコールを使って発行・供与されます。

太陽光発電設備は、住宅用からメガソーラーまで、屋根置き、陸上設置、洋
上設置のいずれでも良く、また規模（容量）を問いません。

太陽光発電設備所有者がSolarCoinを獲得するためには、プラットフォー
ムを通じて太陽光発電設備を登録することが必要です。その際、SolarCoinが
使うEthereumの口座を設定します。日本では、（社）日本ソーラーコイン協
会を通じて登録申請することで配給を受けることができます。

太陽光発電設備所有者は、パネル設置量1kwにつき、6カ月毎に0.5SLRの

SolarCoinを受給することができます。受給できる期間は登録完了より2050年までの期間です。

　Bitcoin等の仮想通貨では、仮想通貨を得るためにコンピュータを使って複雑な算式を解くminingが必要ですが、SolarCoinでは、太陽光発電設備業者が登録申請を行うことによりSolarCoinが太陽光発電設備所有者の口座に振り込まれることになります。太陽光発電設備所有者は受け取ったSolarCoinをそのまま貯蓄するか、仮想通貨交換所で法定通貨やBitcoin等に交換したり、寄付することができます。

　SolarCoinの相場が発電コスト（LCOE、Levelized Cost of Electricity、均等化発電原価）以上となれば、発電にかかったコストを回収したこととなり、事実上、無コストとなります。このようにSolarCoinは太陽光発電の推進をサポートします。

　なお、LCOEは、発電にかかるコストの指標で、発電所の建設に要する初期の設備投資コストと設備廃棄までの運転コストの合計を発電設備が廃棄されるまでに発電する生涯発電量で除することで算出される数値です。LCOEにより、1kwhの発電に要するコストが明らかとなり、いくらで電気を販売すれば収益が出るかを算出することができます。

👉 Power Ledger

　Power Ledger（豪）は、ブロックチェーンを活用して電力トレーディングや環境価値の取引を促進するテクノロジーカンパニーです。Power Ledgerは、特にブロックチェーンによる電力取引の領域で世界の電力会社と提携しており、日本では関西電力がパートナーとして参画しています。

　Power Ledgerが提供する電力取引プラットフォームでは、太陽光発電や風力発電からの電気のP2P（Peer to Peer）取引が行われており、太陽光発電パネルを持つプロシューマー（電力生産者＋消費者）は、電力会社や仲介業者を通さず直接に取引できるスマートコントラクトの機能を具備した電力取引プラットフォームを使って再生エネを売買します。

　Power Ledgerはネットワーク管理に地産地消型システムのマイクログリッドシステムを採用しています。これにより、マイクロトランザクション（少

量の電力取引）が可能となります。

　Power Ledgerでは、POWRとSparkzという2種類のトークンを組み合わせたデュアルトークンモデルを採用しています[25]。

❶ POWR

　POWRトークンはPower Ledgerシステムを使う電力会社等に発行され、グローバルに流通します。POWRトークンは、パブリックブロックチェーンがベースとなり、電力会社等はPOWRトークンを売買することができ、またPOWRトークンを持つことにより、それを裏付けにしてSparkzを発行することができます。なお、Power Ledgerは当初、Ethereumをベースとしたブロックチェーンを使っていましたが、その後、より高速で取引処理能力が優れているSolanaベースのブロックチェーンに切り替えています。

❷ Sparkz

　Sparkz トークンはP2Pプラットフォーム内でローカルな電力取引に利用されるトークンで、太陽光発電パネルを持つ個人は、余剰電力を売却してSparkzを獲得することができ、また他の家庭の電力を購入する際にSparkzを使用します。POWRと異なり、Sparkzはプライベートコンソーシアム・ブロックチェンがベースとなり、Sparkzトークンによりダイレクトに家庭や企業の電力設備にアクセスして、定期的に電気メーターをチェックすることもできます[26]。

　POWRは、世界共通での仕様となりますが、Sparkzは、各地方の消費者のニーズに合わせる仕様になります。そして、POWRとSparkzの間の接続はスマートコントラクトで行われます。POWRの価格は変動しますが、Sparkzはステーブルトークンで、豪州であれば1 Sparkz＝1豪セントというように地域毎に法定通貨に固定されます。

　このように、一般のプロジェクトではパブリックブロックチェーンを使って分散型台帳を作るケースが大半であるのに対して、Power Ledgerは、パブリックブロックチェーンとプライベートブロックチェーンの2層構造として電力取引に特化していることが大きな特徴となっています。

【図表9】Power Ledger の POWR と Sparkz のデュアルトークンモデル

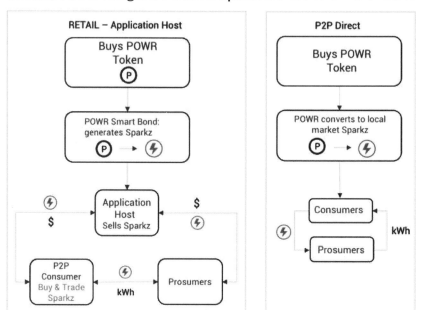

（注）左図は、現状の姿。電力会社がオープンマーケットからPOWRトークンを購入して POWR を裏付けに Sparkz を発行、P2P でコンシューマーやプロシューマーとの間で Sparkz のやり取りが行われる。一方、右図は、普及を推進中の姿。POWRについても P2P で取引が行われる。Sparkz については左図と同じ。

（出所）Power Ledger White Paper 2019

　ここで、Power Ledger の Sparkz トークンを使った電力取引のケースをみましょう[27]。

　マーガレットとボブは隣人同士です。

　マーガレットの家は、屋根にソーラーパネルを設置していますが、ボブの家にはそれがありません。

　マーガレットには2人の子供がいて、両親と同居している頃は大量の電気を使用していましたが、いまでは2人とも独立、家を離れてソーラーパネルからの発電が余り気味となっています。

　一方、ボブは、現状、電力会社から電力の供給を受けていますが、電気代をなるべく低く抑えたいとする強い願望を持っています。

　そこで、ボブは、マーガレットにSparkzを支払ってPower LedgerのP2P
プラットフォームを経由してマーガレットから電力を購入します。

　Power Ledgerのソフトウエアは、スマートメーターに接続されて、ソーラ
ーパネルからの発電量と総消費量をブロックチェーン上に記録します。

　また、ボブがいくらの電力を購入したかもブロックチェーン上に記録され
ます。それにより、マーガレットはブロックチェーンを通じてリアルタイム
でSparkzトークンを受け取ることになります。彼女は、そのSparkzトークン
を現金に交換してソーラーパネルからの収入にすることができます。

👍 WePower

　リトアニアを本拠とするスタートアップのWePowerは、Ethereumブロッ
クチェーンテクノロジーを活用して再生エネ発電事業者と再生エネの調達を
望む法人・個人顧客とをオークションによりマッチングすることで電力売買
のスマートコントラクトの締結を可能とするプラットフォームを開発してい
ます。

　このプラットフォームでは、いかに少量の電力でも売買の対象となります。
また、グリーンエネルギーの購入は複雑な手続きを要しますが、WePowerの
プラットフォームを使うとオンラインショッピングをするような容易さで調
達することができます。

⑧ グリーンアセットとインパクトトークン

"We treasure what we measure".

　これは、さまざまな場面に使われる格言ですが、環境についていえば、グ
リーンであるかどうかをみる場合にはそれが計測できることが重要である、と
解釈することができます。

　スエーデン政府は、グリーンアセット（自然資産）の価値を明確にして、経
済的、社会的な政策判断を的確に実施できる方法はないか、との問題提起を
してきました[28]。

　一方、フィンテックのプレイヤーの間では実社会の資産をトークンにして

ブロックチェーンに乗せる試みが広がりをみていました。

　そこで、ブロックチェーンを活用してグリーンアセットをインパクトトークンにして、環境改善の管理に役立てる、といった形でさまざまなプロジェクトが展開されました。

　前述のとおり、トークンは既存のブロックチェーン技術を用いて発行された暗号資産（仮想通貨）です。一般的に、暗号資産は独自のブロックチェーンを基盤として取引されていて、ビットコインやイーサリアムがその典型例です。

　しかし、トークンは、専用のブロックチェーンではなく、既存のブロックチェーン上に作られ動作する暗号資産で、その所有者が何らかの権利を持つことを証明する機能を持ちます。

CASE STUDY
👍 レバノンの植林

　インパクトトークン（Tokenised Proof of Impact）は、すでに UNDP の CedarCoin で活用されています[29]。これは、レバノンの破壊された森林を国外にいるレバノン人がクラウドファンディングで再生させるというプロジェクトです。

　寄付された資金により植樹されると、木1本にあたり1CedarCoinが寄付した人々や団体に配布され、また、GPSで彼らが植えた木を確認することができます。

　また、植樹された木々の育成に尽力した人々にはクリーンエアトークン（Clean Air LifeToken）が報償として付与されます。このトークンは、DAI Stablecoin（MakerDAOが発行・管理する暗号通貨で1Dai＝1米ドル）に交換して、商品やサービスの購入に充てることができます。

　このように、インパクトトークンやクリーンエアトークンは、木々から発生する酸素量に直接リンクしており、環境保全に寄与します。

　植樹された木々の環境への貢献は、それが完全に生育するまで待つことはなく、また、木々の環境への貢献度を示すデータの収集に長い時間をかける必要もなく、リアルタイムで把握してそれをマネタイズすることができます。

👉 **Ekofolio**

デンマークのスタートアップのEkofolioは、森林を対象に投資を行い、それをトークンにして販売しています。

Ekofolioは、世界中の森林所有者とコミュニケートすることにより、所有者が売却を希望している森林をリストアップして、その中から環境保全に資するような森林を選択して購入します。

次にEkofolioは、森林を所有・管理するSPV（special purpose vehicle、特別目的組織）を設置します。このSPVが森林を表彰するトークンを発行して、ブロックチェーンプラットフォームを使って投資家を募集、投資家には配当が支払われます。

投資家が保有するトークンは、木材価格の上昇や、森林をキャンプ場等にリースした場合に得るリース料収入により値上がりが期待できます。

⑨ ブロックチェーンとカーボンクレジットマーケット

（1）カーボンクレジット

カーボンクレジットは、企業や地方自治体、森林保有者等が省エネや森林の保護、植林等により実現したGHGの削減・吸収量を当局等がクレジットとして認証して、他の企業等との間で売買可能とする仕組みです。

企業等がGHGの削減努力によっても削減できないGHGの排出量に見合うカーボンクレジットを購入することで、排出量削減の不足をカバーして自社の計画目標達成へ活用するカーボンオフセットが可能となります。ここで、カーボンオフセットとは、経済活動等により排出されたGHGを、クレジットの購入により相殺することをいいます。

このように、クレジットを購入することにより、CO_2の排出削減計画の目標達成やカーボンオフセット等の用途に活用できます。また、クレジット購入代金は、クレジット創出者に還元され、省エネ設備投資費用の回収やさらなるCO_2排出削減・吸収の取り組みに活用されることとなります。

（2）J−クレジットとezzmo

　日本では、従前の国内クレジット制度とオフセット・クレジット（J−VER、Japan−Verified Emission Reduction）制度を一本化して、省エネ設備や再生エネ、森林管理等によるGHGの排出削減・吸収量を売買可能なクレジットとして国が認証する制度が、J−クレジットの名称で、経済産業省、環境省、農林水産省により運営されています。

　そして、カーボンニュートラルの実現に向けたカーボンクレジットの適切な活用のための環境整備を検討する気候変動×デジタルプロジェクトにおいて、J−クレジット等の環境価値の取引で中小企業や家庭等での環境価値が小さなタイムラグで取引・活用できるよう、手続きの電子化とブロックチェーン等のデジタル技術を活用した市場創出の検討を進め、最速で2022年度からの運用開始を目指す、とされています。

　このJ−クレジットの取引市場は、いつでもリアルタイムでクレジット取引ができるとの意味でezzmo（イツモ）の名称が付されています[30]。

　ezzmoプラットフォームでは、IoTによるモニタリング、ブロックチェーンの特徴の改ざん耐性や信頼性、スマートコントラクト、J−クレジットの認

【図表10】J−クレジット取引市場（ezzmo）

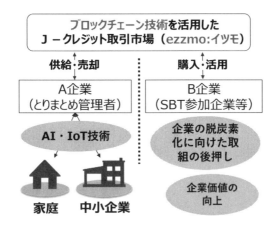

（出所）環境省「『気候変動×デジタル』プロジェクト　〜デジタル化によるJ−クレジット制度の抜本拡充策〜　検討結果とりまとめ」2020.7.28

証手続きの簡素化や取引スピードの向上等が実現されます。

（3）ボランタリークレジット

　カーボンクレジットには、規制・制度に基づき運営されている市場のほかに、ボランタリークレジットがあります（図表11）。

　ボランタリークレジットは、企業、NGO等の団体、個人等の民間が主導となったプロジェクトから発行され、民間の認証機関によって管理されるクレジットです。

　経産省が主導してGX（グリーントランスフォーメーション）に積極的に取り組む企業群が、官・学・金でGXに向けた挑戦を行うプレイヤーと共に一体として経済社会システム全体の変革のための議論と新たな市場の創造のための実践を行う場としてGXリーグが構築されています。そして、GXリーグの具体的な機能の1つに自主的なカーボンクレジット取引を行う場の形成が掲げられています。

【図表11】カーボンクレジットの分類

国連・政府主導	国連主導	京都メカニズムクレジット（JI、CDM）等
	二国間	二国間クレジット制（JCM）その他パイロットプログラム 等
	国内制度	Jークレジット（日本）CCER（中国）ACCUs（豪州）等
民間主導（ボランタリークレジット）		VCS、Gold Standard ACR、CAR 等

（出所）みずほリサーチ＆テクノロジーズ「カーボンニュートラルの実現に向けたカーボン・クレジットの適切な活用のための環境整備に関する検討会資料：カーボン・クレジットを巡る動向」経済産業省主催 2021.1.28

（4）ブロックチェーンとカーボンクレジットマーケット
❶ ブロックチェーン活用の意義

　カーボンクレジットマーケットをブロックチェーンプラットフォーム上で運用することにより、ブロックチェーンが本来持っている特性を存分に生かすことができます[31]。

　すなわち、第1に、ブロックチェーンの活用により、GHG排出量の測定について各企業が区々となるのではなく、標準化されたアルゴリズムにより同一の測定方法で統一されることになります。

　第2に、ブロックチェーンへのすべての参加者が取引データを同時に参照可能であり、透明性とトレーサビリティが確保され、改ざんされないというデータの信頼性が確保されます。また、仲介者が存在しないP2P取引となります。

　第3は、ブロックチェーンでは、取引データを記録して契約や決済を自動で履行するスマートコントラクトが実現することから、カーボンクレジットの申請・認証等に係る各種手続きのスマート化、事務コスト低減等のメリットがあります。

　第4に、大規模なシステム改修を行うことなくプラットフォーム間の連携が可能となります。これにより、各プラットフォームの独立性を維持しながら複数のプラットフォームでエコシステムを構築するビジネスモデルが実現します。

　このように、ブロックチェーンの標準化されたアルゴリズムによりGHG排出量の測定方法が統一される点や、透明性、信頼性、改ざん不可能、スマートコントラクト、複数のプラットフォームによるエコシステムの構築等というブロックチェーンの特性を活用することにより、流動性が厚く価格発見機能（price discovery function）を発揮するマーケットを形成することが期待できます。

❷ ブロックチェーンカーボンクレジットのトークン標準化

さまざまな組織でブロックチェーンを使ったカーボンクレジットのトークン化が行われています。例えば2020年には、ブロックチェーン開発会社が連携したUniversal Protocol Alliance（UPA）がCO_2排出量削減を目的としたUPCO$_2$トークンを発表しています。

こうした状況下、サステナビリティ、環境保全は世界に共通する目標であることから、カーボンクレジットのトークンに関わる基本的なフレームワークを標準化する検討が行われています。

グローバルでブロックチェーンをベースとするビジネスの推進を目指すGlobal Blockchain Business Council（GBBC）が創設したInterWork Alliance（IWA）は、Sustainability Business Working Groupにおいて、Voluntary Ecological Markets（VEM）エコシステムの全体像、およびカーボンクレジットのトークン標準化とスマートコントラクトの標準化を検討し、その結果をガイダンスとして公表しています[32]。

その骨子は次のとおりです[33]。

i トークンのタクソノミーフレームワーク

トークンの定義とその価値がどのように売買され、使用されるかについて企業が共通の認識に立つことができる仕組みの構築。

ii 各企業のフレームワーク

企業は、トークンの標準化に直接関係する規定を基にして他の企業との間で契約を締結することができ、また各企業が採用しているテクノロジー如何に関わらず、トークンの標準化フレームワークに則した運営が可能な仕組みの構築。

iii アナリティクスフレームワーク

企業がAIによるデータのシェアやマーケットが生むデータの情報を基に、トークンを活用した契約により付加価値を創出するための分析を行う仕組みの構築。

CASE STUDY
👉 ケンブリッジ大学によるカーボンクレジットマーケットの構築

　ケンブリッジ大学のカーボンクレジットセンター（Cambridge Centre for Carbon Credits、4C と呼ばれる）は、ブロックチェーンを活用してカーボンクレジットマーケットを構築して、森林再生等をサポートするプロジェクトを推進しています。

　このカーボンクレジットセンターは、カーボンクレジットの購入者が、ブロックチェーンマーケットにより森林再生等の自然をベースにしたソリューション（Nature-based Solutions、NbS）プロジェクトに資金を提供して、カーボンクレジットの購入代金が確実かつ直接に活用されることを指向しています。

　同センターが構築するカーボンクレジットマーケットは、第3者がすべての取引の正確性を認証し、また効率的に電力消費が行われるサステナブルなTezosブロックチェーンを活用しています[34]。

　Tezosは、低電力消費型のブロックチェーンプラットフォームで、このプラットフォーム上で仮想通貨のTezosが発行されます。

　Tezosのコンセンサス・アルゴリズムには、LPoS（Liquid Proof of Stake）という固有のproof方式が採用されています。前述のとおり、ビットコイン等のコンセンサス・アルゴリズムにはProof of Workが採用されていますが、この方式は電力消費が大きいという欠点があり、通貨の保有量が多いほどマイニングの成功確率が高いProof of Stakeという方式が開発されました。しかし、Proof of Stakeでは、少額の通貨保有者が排除されるという欠点があり、Proof of Stakeの進化型としてLPoSが開発されました。

　LPoSでは、通貨の保有量が少ない主体は多い主体にTezosを委任することができる方式で、これにより参加者が多くなるという分散性の向上が図られマーケットの流動性が厚くなることからLiquidの名前が付されています。また、少額の通貨保有者が多額の通貨保有者にTezosをリースして報酬を得ることからLease Proof of Stakeと呼ばれることもあります。

👉 ウェザーニューズ社のCO_2排出量評価サービスとカーボンクレジット・オフセットマーケット

ウェザーニューズ社（日）は、世界最大の民間気象情報会社で、数多くの業界等に気象情報を提供しており、その一つの海運業界には船舶会社に対して航海気象サービスを提供しています。

世界貿易の約90％は海運業界により行われていますが、海運業界にとって船舶運航によるCO_2の排出は、サステナビリティの観点から大きな問題となっています。

こうした状況下、国際海事機関（International Maritime Organization、IMO）では、船舶運航のCO_2排出量を、2050年までに2008年比50％削減する目標を掲げています。

また、IMOではこの目標を達成するために、2023年から大型外航船を対象に1年間の燃費実績を事後的にチェックする燃料実績格付け制度を導入します。この格付け制度は各船の1年間の年間平均燃費実績（Carbon Intensity Indicator：CII）を計測し、格付け（A〜Eの5ランク）によって評価する制度で、単年でEまたは3年連続でDに格付けされた船舶は、改善計画を提出して当局の承認を得る必要があります。また、CIIの削減率は毎年2％ずつ厳しくなります。

ウェザーニューズ社は、こうしたIMOの目標と規則を踏まえて、chaintope（日）が開発したブロックチェーンを使って船舶のCO_2排出量の見える化サービスをCIM（Carbon Intensity Monitoring）の名称で提供しています[35]。

このCIMは、各船舶の運航によるCO_2排出量を航海時にリアルタイムでモニターすることができ、航海終了時には、それを燃料消費量と航行距離と合わせた環境パフォーマンスを評価・可視化した結果を船主や海運会社にAPI等を通じてフィードバックするサービスです。CIMは、船舶のCO_2排出量をブロックチェーンに記録し、トレーサビリティと透明性を確保しています。

これにより、マーケットは各船舶のCO_2排出量と排出場所の特定、航海ルート、CO_2排出削減の効率性を把握することができます。

また、ウェザーニューズ社では、最適航路選定を支援するOSR（Optimum Ship Routeing）サービスも提供しています。OSRは、船舶の安全性や燃料消

費を抑える経済性、CO_2を削減する環境性重視の航路・速度の選択等、多様なニーズに応えるルーティングサービスで、燃料やスピード等、船舶毎のパフォーマンス特性を解析し、目標を達成するうえで最適なルートやエンジン回転数等を船長や陸上の運航管理者と共有することができます。

　そして、OSRとCIMとを組み合わせることにより、環境性を重視した航海とそれによる実際の排出削減量の見える化が実現して、環境とビジネス双方のサステナビリティ推進に資する効果があります。

　このことは、投資家や金融機関、用船主等のステークホルダー向けのESGレポートにおけるサプライチェーンのCO_2排出に関わる正確な情報提供という観点からも重要なポイントとなります。

　また、ウェザーニューズ社は、chaintopeと協業で、ブロックチェーンのプラットフォームでカーボンクレジット・オフセットのマーケットをマリンカーボンブロッキング（Marine Carbon Blocking、MCB）の名称で構築することを計画しています[36]。

　MCBは、CO_2排出削減量をブロックチェーン上にトークンにして記録することで可視化し、業界を超えてカーボンオフセットとして利用することができるようにする仕組みで、ウェザーニューズ社では2次流通市場ができることも展望しています。

☞ CarbonGrid

　CarbonGridは、シンガポールとベトナムの合弁スタートアップで、CO_2排出削減証明書（carbon emission reduction certificates、CER）をトークンにしてブロックチェーン上で売買するプラットフォームを提供しています。

　CarbonGridは、CERをトークンにすることにより、ブロックチェーンネットワークの参加者が良質のCO_2排出削減プロジェクトを選定することが可能となり、また、中小企業等が小口のCERを購入してカーボンオフセットが可能となるマーケットを構築しています。

　ここでもブロックチェーンは、同一のプロジェクトがダブルカウントされて販売されるというような不正取引を防止する機能を発揮します。

⑩ ブロックチェーンとチャリティ

ブロックチェーンを使ったチャリティは、集中仲介機関を持たない分散型であることから、管理費・運営費が削減されて効率的に資金が受贈者に届くという大きなメリットがあります。

すなわち、寄付する主体にとってどのように資金が使われているか、受贈者に渡るまでに搾取等の不正がないかが明確に判定できる透明性や、寄付が行われたデータを正確にチェック・保存する機能を享受することができます。さらに寄付主体が寄付金を具体的にどのような目的ないし受贈者に渡すかの選択ができる仕組みを持っているケースもみられます。

一方、受贈者にとっては寄付金を迅速・ダイレクトに受け取ることができる確実性を享受することができます。

また、チャリティが外国通貨である場合には、現地通貨に交換する必要がありますが、仮想通貨を使用することから、外国為替取引を行う必要はありません。

さらに、ブロックチェーンを使って、仮想通貨ではなく、チャリティ対象である車、建物、機械等の現物をスマートオブジェクトにして寄贈することができます。

CASE STUDY
👉 Clean Water Coin

Clean Water Coin は、開発途上国の劣悪な水事情の地域に清潔な水を供給するブロックチェーンプロジェクトの支援活動をする NY 拠点の NGO が開発、提供する仮想通貨です。

ブロックチェーンにより、仲介機関を経ることなくコストを低減して資金を移転することができます。

実際のところ、米国では寄付行為が減少傾向にありますが、これは寄付をしても団体の運営費にかなりの部分が費やされてしまうことに寄付を考えている人々の間に嫌気が差していることが一因だといわれています。その点、運営費の大幅節減を実現するブロックチェーンは大きな魅力があります[37]。

　Clean Water Coinは、これまで29カ国で8万近くのプロジェクトを支援、1,300万の人々に清潔な水を供給してきました。

　このように、ブロックチェーンを活用して低コストでチャリティを運営している団体には、Alice、Red Cross、Save the Children、United Way、Wikimedia Foundation、Electronic Frontier Foundation、Fidelity Charitable等があります。

　なお、税金についてIRS（Internal Revenue Service、米内国歳入庁）では、仮想通貨を資産として扱っていることから、通常の取引で得るキャピタルゲインには課税扱いとしますが、チャリティの場合には、寄贈者、受贈者双方が非課税の扱いとしています。

第2章

サステナビリティ×IOT

① IoTのフレームワーク

IoT（Internet of Things、モノのインターネット）は、文字通りさまざまな物体（モノ）にデータを収集するセンサー等の通信機器を組み込んで、これをインターネットに接続して通信させる技術やサービスをいいます。

IoTは、英国人の技術開発者でありグローバルスタンダードとなったセンサー、RFID（Radio Frequency Identification）を開発したKevin Ashtonが1998年に初めて使った用語で、彼は「人々を取り巻くあらゆるモノは、インターネットで繋がり、感じ取り、協調して情報のやり取りを行うことができる」、「IoTは、インターネットがそうであったように、またそれ以上に、世界を変える潜在的な力を持っている」と述べています[1]。

IoTは、いつでもどこでも人間とモノとを結びつけて、さまざまなニーズに応える役割を果たす等、まさしくAshtonが予測したような威力を発揮しています。すなわち、IoTにより新たな次元のネットワークが実現し、IoTが収集するデータの分析・活用により、自動認識、自動制御、遠隔計測等を行うことが可能となりました。

伝統的なインターネット活用は、パソコン、タブレット端末、スマホ、サーバー、プリンター等をインターネットに接続しますが、IoTによるインターネット活用は、さまざまなモノにICタグやセンサー、送受信装置等を付けてインターネットに接続します。なお、モノに付けられているセンサー等をIoTデバイスと呼んでいます。

また、伝統的なインターネット活用では、インターネットの操作は、eメールやweb検索、SNS、オンラインゲーム等でみられるように、ヒトがIT機器を操作することによりインターネットに信号が発信されますが、IoTによるインターネット活用では、ヒトを介することなくモノ自体がインターネッ

トに発信します。

② IoTのテクノロジー

　IoTは、センサーがターゲットとするモノから各種データを収集します。収集されたデータはゲートウェイにより中継されて、インターネットでクラウド環境によってデータを蓄積、サーバーにより分析され、さまざまなサービスの用途に供されます。

　このようにIoTエコシステムは、データを収集するセンサーやそれを送信するネットワーク、そしてビッグデータを蓄積して分析、その結果を提供するクラウドから構成されます。

　IoTの主要な構成要素を整理すると、次のとおりです。

（1）センサーと通信モジュール

　自動車、家電製品、住宅、機械設備等、さまざまなモノに付けられるセンサー等のIoTデバイスがモノの状態・動きを把握してそれをデータにして、そのデータが小型・軽量の通信端末の通信モジュールによりインターネットに流されます。

　IoTデバイスのなかで中心的役割を担う小型センサーは、センサー自体のほかに、無線通信チップ、マイクロプロセサー、電源ユニットから構成され、センサーノードと呼ばれます。

　目覚ましい技術進歩からセンサー等の通信機器は、能力向上とともに超小型化が可能となり、たとえモノが小さくても高い性能を持つ通信機器を簡単に組み込むことが可能となっています。

（2）ネットワーク

　通信モジュールから流されるデータは、ネットワークを通してコンピュータシステムに送信されます。IoTは、必ずしもインターネットの活用に限られず、イントラネット（限定された場所で相互通信をする技術）で行うケースもみられます。

　インターネットは、現在、国内の隅々のエリアに至るまで高速回線の利用が可能で、その利用料も低コスト化が進展しています。

（3）ビッグデータ、クラウド

　IoTにより、モノが発信したデータが分析・処理され、さまざまなプラットフォームやアプリでデータが理解可能なように解釈・可視化されます。また、必要な場合にはそれに対処する措置をモノに送信します。

　IoTは、ビッグデータ技術とクラウド技術が相俟って進展して、モノが発信する大量で複雑、多様なデータをスピーディかつ低コストで処理することが可能となっています。

　このようにIoTは、単にデータを送信するネットワークではなく、ビッグデータやクラウドを組み込んで、モノやその周辺のデータを分析、活用して的確な対応策に結びつけるエコシステムを形成します。

　IoTエコシステムにおいてクラウドは、各々のセンサーが収集したデータを集中管理する役割を担います。また、クラウドは、ビッグデータの分析により、人間が何らかの決定を下す材料を提供します。

　IoTとの組み合わせとなるテクノロジーは、WSN（Wireless Sensor Network）、AI（Artificial Intelligence、人工頭脳）、機械学習（Machine Learning 、ML）等となります[2]。

　IoTでモノをインターネットに接続するだけでは、IoTを有効活用したことになりません。伝統的な情報収集に加えて、IoTにより多くのモノがインターネットに接続されると、データ量は格段に増加することになります。こうした膨大な量のデータをビッグデータとして有効活用するためには、AoT（Analytics of Things）が必要となります[3]。

　AoTは、IoTが収集した情報を分析して、それをもとに何らかのアクションを起こすというようにデータを有効に活用するための手段です。そうしたアクションには、数値が一定のレンジを飛び出した時に警報を発するとか、機械の稼働がストップした時に警報を発するといった単純なものから、機械が変調を来した場合にはどの部品を使ってどのタイミングで補修することが必要であるかを部品メーカーに知らせるという複雑なものまであります。

【図表1】IoTとビッグデータの関係

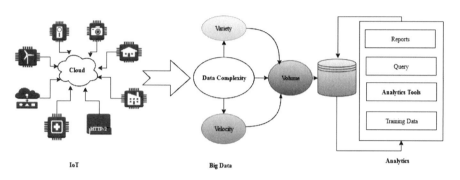

（出所） M. Marjani et al. "Big IoT Data Analytics: Architecture, Opportunities, and Open Research Challenges" IEEE 2017

③ IoTの活用

IoTは、以下のような目的で活用されています。

（1）環境の把握

デバイス設置の周辺の環境を把握して、温度、湿度、気圧、照度等のデータを採取します。エアコンの電源のオン・オフ、照明の明るさのコントロール等に活用されます。

（2）動きの把握

デバイス設置の周辺の動きを察知して、振動、衝撃、転倒、落下等のデータを採取します。電力使用量の把握、工場やオフィスビル等の安全性確認、産業・OA・建設機械等の動作確認、故障箇所の把握、遠隔保守等に活用されます。また、ドアや窓、戸棚、引き出し等の開閉や施錠の異常を把握、防犯等に活用されます。

（3）位置の把握

デバイス設置で位置を把握して、存在、通過、近接のデータを採取します。道路の渋滞状況、自動車の盗難等の犯罪防止、子供や老人の存在位置把握等に活用されます。

④ IoTとサステナビリティ

IoTは、エレクトロニクスにより実物世界の対象物をモニター・管理する機能により、人間の意思決定や行動をデータドリブンにして、空気汚染の抑制、水資源の有効活用、スマートシティの実現等、環境と人間のインターアクションの方法を基本的に変革することにより、サステナブルな社会の構築に大きく寄与しています[4]。

（1） IoTとScope1、Scope2、Scope3の把握

GHGの排出削減の前提として、現状のGHG排出量を把握する必要があります。

国際的なGHG排出量の測定と報告の基準であるGHGプロトコルでは、事業者における排出量の範囲をScope1からScope3と定義しています（図表2）。こうしたGHG排出量の測定にはIoTのテクノロジーを活用する必要があります。

Scope1：事業者自らによるGHGの直接排出
Scope2：他者から供給された電気、熱・蒸気の使用に伴う間接排出
Scope3：Scope2以外の間接排出（事業者の活動に関連する他者の排出）
サプライチェーン排出量＝Scope1排出量＋Scope2排出量＋Scope3排出量

【図表2】Scope1、Scope2およびScope3のイメージ

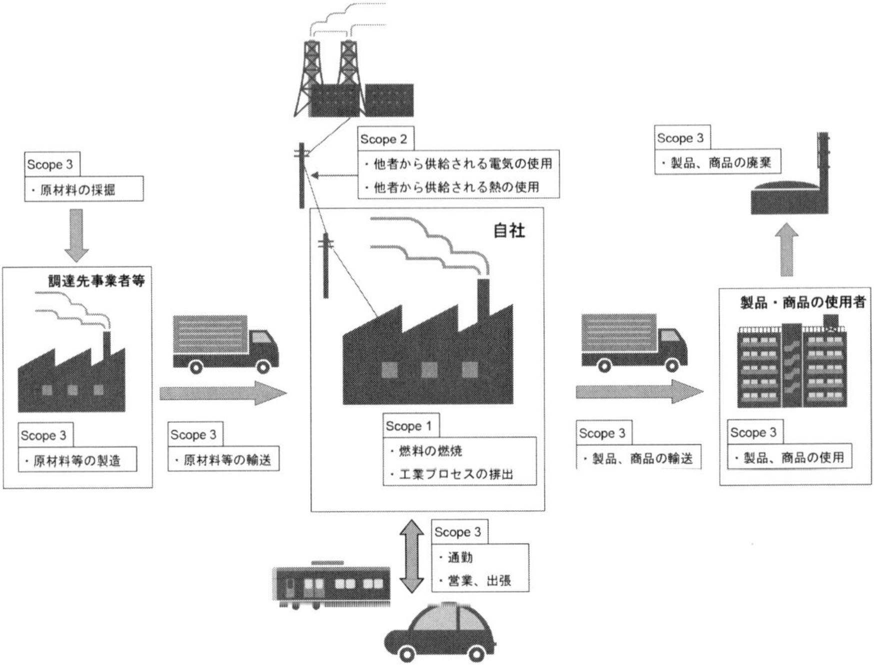

(出所) 環境省、経済産業省「サプライチェーンを通じた温室効果ガス排出量算定に関する基本ガイドライン（ver.2.4)」2022.3

(2) グリーンIoT

　IoTのデザインと開発においてエネルギーの効率性に重点を置いて考えた場合、IoTは、

・IoTの導入によりGHGの削減効果を生むことと、

・IoTを構成する機器等が排出するGHGを抑制すること

　の意味を持っています[5]。

　こうした2つの意味を併せ持つIoTを「グリーンIoT」と呼びます。

　以下、❶IoT導入によるGHGの削減効果、❷グリーンIoTのアプリケーションの実践、❸IoTを構成する機器等が排出するGHGの抑制、の順でみることにします。

❶ IoTの導入によるGHGの削減効果

IoTの導入によってGHGの排出量を削減するグリーンIoTには、次のようなアプリケーションがあります[6]。

i 環境モニタリング：自然の変化や人間の行動による環境の変化を把握

a. 農地の湿度等の把握による適切な施肥、水遣りによる収穫改善、森林火災の防止

b. 大気汚染の把握、改善

c. 廃棄物処理

d. 水質管理

ii ヘルスケア

センサーで患者の状況をリアルタイムでモニターしたり、RFIDにより患者の居場所を追跡。さまざまなデータの収集、蓄積

iii 製造業のオートメ化

RFIDタグを使ったM2Mコミュニケーションや、プラントの温度、空気汚染、機械の故障等のパラメータをモニターすることによる適時メンテナンス（just-in-time maintenance）、エネルギー効率性の向上

iv 住宅・ビル・店舗関連

a. ソーラーパネル、エアコンや照明器具等の電気機器へのセンサー装着による効率的な発電や節電によるスマートホーム・ビルの推進

b. ごみ収集の効率性向上のために住宅等のごみ箱にセンサーを装着

c. 水道管にセンサーを設置することによる水漏れの早期発見、レストランの水使用につき、センサーによる違法な汚水廃棄や無駄な水使用のモニター

d. スマートメーター（後記② i スマートグリッドとスマートメーター参照）

v　交通、運輸

　　自動車や電車、バス、自転車、そして道路にタグやセンサーを取り付け、重要な情報を交通をコントロールする当局経由でユーザーに送信、これによりユーザーは最適ルートや最適交通手段の選択が可能

　　また、大都市では駐車場の状況をセンサーで把握して発信、これによりドライバーは駐車場の空き具合を知ることが可能

vi　サプライチェーン

a. RFIDやNFC、センサーによりリアルタイムでサプライチェーンのモニターができるスマートロジスティックスを実現。また、こうしたテクノロジーにより企業は製品関連の情報をリアルタイムで得ることができ、マーケットの変化に迅速に対応可能

b. 遠隔の生産地から消費地に運ばれる生鮮食品の品質のモニタリングが可能。また、食品のサプライチェーンの向上やカーボンフットプリントの抑制に貢献

vii　リサイクル

　　IoTのセンサーによるさまざまなモノのリサイクルの促進

viii　絶滅危惧種の保護

　　センサーやドローンによる動物の行動・餌・交配等の状況の把握。収集したデータの分析による絶滅危惧種の保護や、動物の違法な捕獲の防止

コラム 🌲 人工衛星による環境モニタリング

　気候変動の把握には、タイムリーで正確なデータが不可欠です。

　地球観測人工衛星（Earth observation satellite、EO）は、土地、海洋等への気候変動のインパクトをモニターするための重要なデータを収集する役割を担っています[7]。

また、こうしたデータを基にして気象インデックス商品等の保険テック（insurtech）の開発が進んでいます。

CASE STUDY
👍 Planet

米国の航空宇宙・分析会社のPlanetは、人工衛星が収集した全球のデータを企業や政府、研究者等に提供するビジネスを展開しています。

Planetの衛星は、わずか10 × 10 × 30cmの大きさで、他のロケットに有償搭載する形で低コスト・高頻度の打ち上げを実現しています。

Planetでは、現状200を超える人工衛星を軌道に乗せて、2つの衛星コンステレーション（多数の衛星の協調動作システム）から、毎日3億5,000万sqkmをカバーした1,700の画像を送信しています。衛星から送信される画像データは、全世界をカバーしており、大陸、国、都市、村のレベルまで詳細な画像を得ることができます。

i 農業

農業は、農地の状況や農作物の生育に関わるデータを把握・分析することがサステナブルな環境を形成する重要な要件となります。

一般的に、衛星から送信される画像データは膨大なもので、ユーザーが必要としないデータも混在しており、また実際に活用しようとしてもタイムリーなものでなくなってデータドリブンの判断ができないといったケースも少なくありません。

そこでPlanetでは、AIの機械学習とコンピュータの画像技術を活用して、Planetの衛星から高頻度で送られてくる画像から重要なものを抽出するテクノロジーを開発、活用しています。

ii 山火事

気候変動、旱魃、森林伐採、個人の火の不始末等、さまざまな要因が重なり合って、世界の各地で山火事の被害が増大の一途を辿っています。

米国では、特に森林が多く夏季の乾燥が特徴のカリフォルニアが大規模の

山火事に見舞われる頻度が増えています。

　こうした山火事の被害を抑制するために Planet の衛星が活用されています。Planet は、高頻度、広範囲、高解像度で山火事の情報を提供します。

　また、山火事の発生を防止する目的でも Planet の衛星画像が活用されています。すなわち、カリフォルニア森林管理局は Planet と協働して森林の構成等の地図を作製して、山火事の発生を抑える森林管理、違法な森林伐採の発見や、いざ山火事発生の場合の消防士の消火プランの策定に活用しています。

👉 Manna

　水は農業にとって不可欠の自然資源です。

　イスラエルを本拠地とする Manna は、人工衛星のデータをもとに農家や農学者に対して灌漑の勧奨や作物の生育状況等について情報を提供する Ag-Tech 会社です[8]。

　Manna が開発したモデルにより、各農地の蒸発散量のデータを把握して作物が使う水量を正確に把握することができます。そして、このデータと土壌の温度・湿度、風速、太陽光等、植生発達に相関するさまざまな要素を総合勘案して灌漑の勧奨内容を検討します。

　また、こうした灌漑の勧奨には、人工衛星が収集した正確で高解像の天候情報が必要ですが、Manna では、3 × 3m、10 × 10m、30 × 30m の解像をベースにして、天候データを分析しています。

👉 Google

　Google は、Google Cloud Platform（GCP）のユーザーに対して Google Earth Engine satellite data platform を開放しています[9]。

　これにより、ユーザーは、Google の AI ツールや GCP が提供するビッグデータ解析サービスの BigQuery を活用して、人工衛星から送信される映像と他のデータを組み合わせて水資源の状況や天候リスクの分析を行うことができます。

👍 CarbonTracker

　気候変動に関するタスクを専門とする独立系シンクタンクの CarbonTracker は、人工衛星からのデータを使って石炭を使用する発電プラントからの CO_2 排出量を推計します。

　また、人工衛星からのデータをもとに石炭から再生エネへのトランジションが金融資本市場に及ぼすインパクトを分析して投資家に提供することによって CO_2 排出量を抑制する投資をサポートします。なお、人工衛星からのデータ収集等は、CarbonTracker からスピンオフした Energy & Clean Air Analytics（ECAA）が行っています。

　発電プラントからの CO_2 排出量を推計するモデルは、人工衛星の画像を地上に送る際の障害になる雲の状況や、人工衛星が同一の地域の画像を捉える頻度、発電プラントの冷却装置や規模等の要素を勘案する必要がありますが、CarbonTracker のモデルは、Google AI と機械学習を活用することにより CO_2 排出量の推計において9割を超える正確度を達成しています[10]。

👍 GHGSat

　カナダの GHGSat 社は、人工衛星を使って GHG の排出スポットを把握するテクノロジーを提供するスタートアップです。

　GHGSat が対象とする GHG は、メタンです。メタンは CO_2 に次いで地球温暖化に及ぼす影響が大きな GHG です（図表3）。GHGSat は、小型衛星で

【図表3】人為起源の温室効果ガスの総排出量に占めるガスの種類別の割合

温室効果ガス（GHG）の種類	割合（%）
二酸化炭素（化石燃料由来）	65.2
メタン	15.8
二酸化炭素（森林減少や土地利用変化等）	10.8
一酸化二窒素	6.2
フロン類等	2.0

（注）2010年の CO_2 換算量での数値
（出所）気象庁「温室効果ガスの種類」原典「IPCC第5次評価報告書」

500km の上空からメタンの発生源を高解像度の画像で特定することができます。

　GHGSat が対象とする主な分野は、原油、ガス、石炭の採掘現場です。人工衛星を使って GHG の排出状況を把握することをビジネスとする企業はいくつかありますが、GHGSat では、他社に比べて 100 分の 1 という小規模の GHG 排出源を見出すことができる点を強みとしています。

👍 Global Forest Watch、Pachama

　森林は、CO_2 を吸収する重要な天然資源ですが、広範囲に亘る森林の状況に関わるデータは十分とは言えません。

① Global Forest Watch

　Global Forest Watch（米）は、人工衛星を使って森林の状況をリアルタイムで捉え、世界中の森林の不法伐採や山火事等を発見したり、植林の進捗状況を可視化、証明するサービスを提供しています[11]。

　ユーザーは、これによりスマホやパソコンでサッカーのペナルティボックスほどの面積の森林の状況をチェックすることができます。

② Pachama

　Pachama（米）は、人工衛星が収集した画像を機械学習モデルによって分析して森林の特徴を把握することにより森林が蓄えている CO_2 を推計します。

　また、CO_2 吸収のための森林プロジェクトの推移をモニタリングすることにより、プロジェクトの進展に害を及ぼすような不法伐採等の行為を見出して、森林プロジェクトの開発主体や森林開発による CO_2 吸収を期待している主体にその事実を伝達します。

　なお、Pachama はポートフォリオにいくつかの森林プロジェクトを保有しており、こうしたプロジェクトへの投資を勧誘しています。

👍 Crédit Agricole Assurance、Airbus

　Crédit Agricole Assurance の損害保険部門の子会社である Pacifica は、Airbus が運用する人工衛星の画像を使って牧草地の状況から草地農業の損失を正確に計測して、それを補償する保険を開発しました[13]。

　畜産農業にとって極めて重要な牧草地は、気候変動に敏感に反応します。牧草地の牧草、まぐさは、畜産にとって必需品となります。

　フランスの牧草地の面積は、ギリシャ全土を上回る大きさです[14]。そして、フランスは、欧州において牛肉の生産量で第 1 位、ミルクの生産量で第 2 位の地位にあります。

　こうした状況下、財政による畜産業への支援にも限界があり、民間部門による牧草保険が求められていました。しかし、伝統的な保険のメニューには気象変動リスクから畜産業者を守るのに適した商品がありません。

　そこで、Pacifica は、Airbus と協働して畜産業者を気候変動による牧草の生産不良から保護する保険を開発しました。これは、指数により損失額を推計する商品で、加入者は損害の届け出の必要がなく自動的に支払いが行われ、また、保険会社は牧草地の現場を検証することに手間とコストをかける必要はありません。

　Airbus が運用する人工衛星を使って収集した画像から、土地が牧草に覆われている状況を把握することができます。Pacifica は、このデータを基にして各年の 2 月初から 10 月末まで毎日収集した牧草を基に作られる牧草地生産指数（Grassland Production Index、GPI）を開発しました。

　そして、当年の GPI と前年までの GPI の平均値とを比較することで保険金の支払額が算出されます。これにより、被保険者は過去の牧草の平均的な成育と比較した牧草の生育の減少をカバーすることが可能となります。

　この指数保険と実際の状況との相関は、7 年間に亘る実証研究で証明されています。また、専門家で構成される仏農業省の諮問委員会は、この指数保険を保険商品として使うことを認可しています。

　なお、被保険者の畜産業者は、毎月、GPI の状況を Pacifica や Airbus のウエブサイトでモニターすることができます。

❷ グリーンIoTのアプリケーションの実践

　以下では、ⅰ　電力（スマートグリッド）、ⅱ　都市全体（スマートシティ）、ⅲ　農業（スマート農業）を対象とするグリーンIoTのアプリケーションをみることにします。

ⅰ　スマートグリッド

a. スマートメーターとHEMS

　グリッドは、発電所で発電された電力が消費先まで送られる送配電系統です。そして、スマートグリッド（次世代送配電網）は、IoTをはじめとするITの活用により、効率的な電力ネットワークを構築して電力の需要と供給の最適化を実現する電力系統です。

　一般的な電力供給は、発電所から工場やオフィス、住宅等の電力消費者に対して一方向に通信されるシステムですが、スマートグリッドは供給側と需要家の間で双方向にデータ通信をするという特徴があります。スマートグリッドは、電力消費スケジューリングにより発電量と使用量のバランスを維持した電気エネルギーを生成することにより電気エネルギーのロスを抑制する機能があります。

　スマートグリッドを構成する重要な機器にスマートメーターとHEMSがあります。

(a)　スマートメーター

　一般的な電気メーターでは、検針員が定期的に各家庭等を訪問して目視で電力の使用量を検針します。

　しかし、スマートメーターでは、デジタルで計測した電力使用量を発信、ネットワークを通じて電力使用量データが電力会社のサーバーに送信されることになります。

　一般的な電力メーターは、1か月に1度だけ電力使用量を把握しますが、スマートメーターの場合には、電力使用量を30分単位で把握することが可能で、電気の使用量のコントロールが容易になるメリットがあります。

　このように、スマートメーターにより、電力消費量データを詳しく把握す

ることが可能となり、その電力消費のデータを蓄積・分析すれば、電気使用量の見える化で消費者は最適な消費パターンを認識して、これを節電・省エネに結びつけることができます。

　例えば、スマートメーターのデータに基づいて電気機器を自動制御して、最適な節電の設定とすることも可能となります。また、高齢者が単身で生活する住宅の電気の使用量をモニターすることにより、生活パターンの異常を逸早く発見するといった高齢者見守りサービスを提供する電力会社もみられます。

(b) HEMS

　HEMS（Home Energy Management System、ヘムス）は、住宅のエネルギーを消費者自らが把握・管理するシステムです。HEMSは、家庭の電力消費量の最適化機能を持つシステムで、電気のみならず水道やガスの消費量を把握可能なほか、自宅設置のソーラー設備の発電量も確認することができます。HEMSは、照明機器やエアコンの操作にも対応しています。

　政府は、2030年までにすべての住まいにHEMSを設置することを指向しています。

CASE STUDY
👉 会津若松市

　会津若松市では、東日本大震災からの復旧事業や観光業、農業等における風評被害対策から、地域の活性化に向けてさまざまな取り組みを行っています。

　その一つに「スマートシティ会津若松」を標榜して、情報通信技術や環境技術を活用し、健康や福祉、教育、防災、エネルギー、交通、環境といった分野での結びつきを深めながら、サステナビリティとレジリエンスの地域社会の形成を目指す先進的かつ挑戦的な取り組みがあります（スマートシティについては後記ⅱ参照）。

　この取り組みには、経済産業省実施の大規模HEMS情報基盤整備事業における市内100世帯にHEMSを設置して利用状況を見える化するプロジェクトがあります。

　会津若松市では、この取り組みでオープンAPIによる標準化から異なるメーカーのHEMS間のデータ一元収集を通じて地域単位のデータ管理を実現する等、大きな省エネ効果を上げています[15]。

b. スマートグリッドと再生エネ

　ソーラー発電や風力発電等の再生エネは、天候に左右されるため発電量が不安定であるという欠点があり、再生エネを主力電源とすることが困難な一因となっています[16]。

　しかし、スマートグリッドの導入により電力ネットワークのコントロールが効率的に実施されるようになれば、再生エネが抱える問題が軽減されることが期待されます。

　次世代電力網であるスマートグリッドは、新たな電力供給システムで、送電網にソフトウェアや機器を組み込むことにより供給・需要の双方のサイドから電力量をコントロールすることができ、また、電力の過不足等の情報共有も可能にしています。

　すなわち、スマートグリッドには電力需要がある場所を把握してそこに必要量を送るという最適な電力供給のシステムを構築して送電ロスを極小化する機能があります。

　また、スマートグリッドによる電力ネットワークにより、自宅で消費する以上の発電量がある場合には、その余剰電力を他の需要住宅に送電することにより、電力の地産地消を推進することができます。

　再生エネによる発電量が過多となる場合には、電気の周波数を撹乱して停電の原因となる恐れがあり、出力制御策がとられることもあります。しかし、ビルや工場が具備する蓄電池は、蓄電量の拡大による電力の供給過多の抑制効果があり、再生エネ導入の一段推進に寄与することが期待されます。

　また、スマートグリッドとスマートメーター、HEMS、ZEH、省エネ家電の導入による電力消費量の見える化により、消費者の節電意識が高まることも予想されます。

　なお、ZEH（net Zero Energy House、ゼッチ）は、断熱性能や日射遮蔽性能等、住宅の外皮の断熱性能を大幅に向上させるとともに、高効率な設備シ

ステムの導入により、室内環境の質を維持しつつ大幅な省エネを実現した上で、再生エネを導入することにより、年間のエネルギー消費量の収支ゼロを目指す住宅です。

c. スマートグリッドとIoT

　スマートグリッドでは、発電所や送電線、送電鉄塔、配電センター、それに消費者の機器にグリッドの監視、調整、制御のためのIoTデバイスが組み込まれています。そして、IoTが発電、蓄電、送電、配電、消費の各段階でネットワーク機能をサポートしています[17]。

　これにより、インターネット接続の電気機器の電気使用量を把握したり、ソーラー発電の発電量や売電状況も確認できることになり、エネルギー使用量の見える化が実現します。

　また、電力料金が高い時間帯には冷房の温度を上げる等により節電に注力し、逆に電力料金が安い時間帯にはEVの充電を行う等、最適なエネルギーマネジメントを行うことができます。

　さらに、電力需給が逼迫して電力会社から電気の使用量の抑制要請があった場合には節電に注力する等、デマンドレスポンスへの対応が可能になります。

ⅱ　スマートシティ

a. スマートシティのコンセプト

　サステナビリティ推進の主要な対象の1つが、都市です。デジタルテクノロジーとビッグデータは、都市のサステナビリティのドライバーとなるポテンシャルを持っています。

　スマートシティは、IoT等のデジタルテクノロジーを活用して資源の無駄遣いを防止、エネルギーや住宅、水資源、ごみ処理、交通等にサステナビリティの要素を組み込んでいます。このように、都市は、DXによりサステナブルな姿に変貌するプラットフォームを提供しているということができます[18]。

　こうしたテクノロジーには、IoTをはじめAI、5G、クラウド、エッジコンピュータ等があります。また、スマートシティにおけるIoTの活用ではスマ

ホが情報の発信・受信双方の面で大きな役割を演じています。

そして、IoTエコシステムにより、大気汚染、水質管理、電力の効率使用、交通・運輸、サーキュラーエコノミーの状況等を遠隔からモニタリングすることが可能となります。

また、都市のIoTエコシステムは、オープンであることが重要なポイントとなります。オープン・デジタルエコシステムによるスマートシティの実現により、経済、社会、環境の間での協調が促進され、また、その成果も目に見える形で提供されることが期待されます。

コラム 🌲 5G

通信速度が従来より格段に向上する 5G（the 5th generation of wireless communications、第 5 世代移動通信システム）は、持ち運べる機器を使った通信技術で、IoT テクノロジーの大きな柱として機能します。

5G の特徴に、超低遅延と多数同時接続がありますが、IoT は 5G のこうした特徴を最大限活用できるユースケースであるということができます。

すなわち、5G は IoT デバイスをインターネットに接続させることによりスマートシティの交通システム等をリアルタイムに近い超低遅延で把握できる機能を発揮します。

また、5G による多数同時接続により、地域の標識や公共交通機関等、膨大な量のデバイスがネットワークに接続できるようになります。スマートシティにおける IoT の活用は、こうした 5G の特性を生かすことによりさらに拡大することが予測されます。もっとも、5G によって同時接続デバイスが増加するようになるとセキュリティリスクが高まることに留意する必要があります。

5G を活用して街中に設置のカメラから災害情報を把握する等、安全で災害に強く、サステナブルでレジリエントな都市の実現を期待することができます。

---

b. スマートシティの構築

　IoT等のテクノロジーを活用したスマートシティの構築は、次のようなステップを踏んで実践されます[19]。

Step1：IoTをベースとするスマートシティ・プラットフォームの構築

　プラットフォームの構築には4つの要素があります。

・センサーとアクチュエータ（作動装置）を具備したモノ：センサーは、データを収集してそれをクラウドに送信。アクチュエータは、空気や光、水等の環境変化による作動装置。

・ゲートウェイ：フィールドゲートウェイは、データを収集したうえで、圧縮、フィルタリングを行う。一方、クラウドゲートウェイは、フィールドゲートウェイとクラウドとの間で安全にデータの送信を行う。

・データレイク：データを貯蔵。レイクの中のあるデータが必要となった場合には、そのデータをビッグデータウエアハウスに移管。

・ビッグデータウエアハウス：モノの情報を構造データで保存。

Step2：データの分析

　統計分析やAI、機械学習を使ってデータを分析。機械学習アルゴリズムで、ビッグデータウエアハウスに蓄積のヒストリカルデータからトレンドと先行きの環境の動向を予想。

Step3：スマートコントロール

　アクチュエータに対して採るべき措置を指示。指示は、事前に決めておいたルールに基づき人が指示する方法と、機械学習で自動に行う方法がある。

Step4：ユーザーのアプリによる交信

　ユーザーが持つスマホ等のアプリによりスマートシティ・プラットフォームにアクセスして必要な情報や警告を受信。

Step5：当局によるデータの活用

　シティ当局は、ビッグデータを活用して、さまざまなインフラ等の改善を実施。

c. スマートシティの実践

スマートシティの実践の代表的なケースをみると次のとおりです。

（a）スマートパーキング

駐車場にセンサーを付けて駐車状況を収集、ドライバーのスマホに運転地点の近くのどの駐車場に空きがあるかの情報を提供します。

CASE STUDY

👍 NTTドコモのスマートパーキングシステム

NTTドコモは、スムーズに空き駐車場を確保・使用したいドライバーと、手軽に駐車場を開設して集客したい駐車場事業者をつなぐdocomoスマートパーキングシステムを開発・提供しています[20]。

このシステムは、車の入出庫を感知するIoT機器のセンサー、センサーとサーバーをつなぐゲートウェイ、クラウド上の駐車場管理サーバー、およびドライバーが駐車場利用時に使用する専用アプリから構成されています。

このうち、ゲートウェイはソーラーパネルと内蔵の蓄電池で常時駆動し、各駐車区画に設置したセンサーからデータを受信してクラウド上の駐車場管理サーバーへ周期的に送信します。

一方、サーバーは、ドライバーの専用アプリにリアルタイムで駐車場の満空情報を表示したり、駐車料金の自動キャッシュレス精算等の機能を担います。

そして、ドライバーは、専用アプリで空き駐車区画を利用開始前30分の間、無料でキープすることができます。

（b）交通渋滞

道路の要所にセンサーやカメラを取り付けて、リアルタイムで道路の渋滞状況を把握、ドライバーのスマホに渋滞を回避しながら目的地までの最適ルートを示します。また、交通信号にセンサーやカメラを取り付けて、青・赤信号の長短を調節します。

CASE STUDY
👉 中国・杭州市

　中国杭州市では、同市に本社を置くアリババが主体となってクラウドのデジタルプラットフォーム「シティブレイン」を開発、スマートシティ構想に基づいてカメラでリアルタイム映像による交通状況の可視化や、AIで信号のタイミング調整による交通渋滞の緩和が実用化されています。

　この結果、自動車の走行速度が15%上昇して渋滞緩和に繋る効果を上げています[21]。

(c) エネルギーマネジメント

　建物や住宅の屋根にソーラーパネルを取り付けることによる再生エネの活用や、街灯にセンサーを付けて自動点滅を行うことにより電力の節約を行います。

CASE STUDY
👉 北九州、藤沢

　北九州スマートコミュニティ創造事業では、電気、熱、水素のエネルギー効率化と分散化により、サステナブルコミュニティ実現と防災対策強化を指向しています。

　また、神奈川県藤沢市では、電機会社の工場跡地の集合住宅で再生エネを導入しています。同市では、再生エネの利用率30%以上を目標としており、公共用地にはコミュニティソーラーエネルギーを有効活用しています。

(d) ごみ処理

　ごみ箱にセンサーを取り付けてごみ回収の効率性を実現しています。例えば、ニューヨークでは、公共の場所に置かれたごみ箱にソーラーパワーで稼働するセンサーを付けて、ごみ箱が一杯になったらごみ収集車にアラートを発信するシステムが導入されています。

　また、ビッグデータの活用により道路が混雑しているときのごみ収集車の運転を回避するとか、AIの活用によりリサイクル・リユース可能なごみを分

別して特殊処理が可能なセンターに運搬する等、ごみ処理の効率化が図られています。

CASE STUDY
👍 Compology

サンフランシスコを拠点とするスタートアップのCompologyは、ごみ箱の中にセンサーを設置して、どれだけごみが収容されているか、ごみ箱にどのようなごみが捨てられているかを高解像度データにして発信して、運搬業者のごみ収集が効率的に実施されるタイミングやルートの最適化を実現しています。

具体的には、ごみ箱の中に設置されたセンサーがカメラとAIを具備しており、このセンサーが発信するリアルタイムのデータで、どこのごみ箱がどの位の収容実績でどのようなごみが収容されているか、といった状況を把握することができます。

これは、水道や電気の使用状況を把握するためにスマートメーターを使用するのと同じように、ごみについてもセンサーによりごみ箱の収容状況を把握するという取り組みで、マクドナルドのラスベガス地区店舗のごみ箱にもCompologyのセンサーが設置されています。

Compologyでは、マクドナルドの店舗のごみ箱にAI機能付きカメラを取り付けたことにより、運搬業者のごみ収集が効率的なタイミングで実施され、年間、トラックの運送距離を8千マイル（カナダの北端からメキシコの南端までの距離に相当）減少させる実績を上げることができたとしています。

こうしたセンサーを活用したスマートごみ箱は、ボストンやボルチモア等、米国の多くの都市の歩道に設置されています。

(e) 水資源

水道管にセンサーを取り付けたり、ビルや住宅に水道使用を測定するスマートメーターを取り付けることにより、水道当局や消費者はリアルタイムで水資源の使用状況等を把握することができます。

CASE STUDY
👉 Grundfos

　スウェーデンに本社を置く大手モバイル事業者Telenorグループの傘下にあるIoT専門会社のTelenor Connexionは、180を超える国で1千万以上のIoTを管理運営しています。

　一方、デンマークに本社を置く大手ポンプメーカーのGrundfosは、55を超える国で毎年18百万台のポンプを提供しています。同社では、IoTを導入して水管理の効率向上を図っており、デンマークの排水管ネットワークにセンサーを導入、実際の流量と予測流量を比較分析して、排水管からの漏水のポイントを特定する等、大きな効果をあげています。

　そして、GrundfosではWater-as-a-ServiceへのDXをさらに推進することを目的にTelenor Connexionとの業務提携に踏み切りました。これにより、Grundfosはポンプの稼働状況の監視や維持補修のタイミングの把握、さらには、水の需要量の予測を基に適切な水供給を行う等のサービスを提供しています。

(f) 空気汚染

　都市のさまざまな場所にセンサーを取り付けて、車の混雑具合、天候、空気の流れ等から空気汚染のデータを収集、管理する効果をあげています。

CASE STUDY
👉 Clarity Movement

　Clarity Movement（米）は、IoTの活用による都市の大気をモニタリング・分析するハードとソフトのサービス（Sensing-as-a-Service Air Quality Monitoring）をパッケージにしたモジュールを65カ国に提供しています[22]。

　Clarity Movementが提供するモジュールは太陽光と畜電池で稼働して、CO_2、NO_2、PM（粒子状物質）、TVOC（総揮発性有機化合物）等を計測するほか、風向計測器で空気汚染がどこからきているかの源泉を突き止める機能を持っています。

　そして、センサーが収集したデータはClarityクラウドにアップロードされ、

さまざまな分析を可能にしています。

ⅲ　スマート農業

a. スマート農業のコンセプト

　スマート農業は、農業の生産性の向上のみを目指すのではなく、同時に農業の環境に与える負のインパクトを抑制することによって、先行きも農地がサステナブルに農産物を生産することができるとともに、生物多様性を維持する役割を果たすよう、さまざまなテクノロジーを駆使する農業をいいます。

　このように、スマート農業は農業分野におけるSociety5.0の役割を担っており、精密農業（Precision Farming）とか、スマートアグリ（Smart Agri）、アグリテック（Agri Tech）とも呼ばれています[23]。

　スマート農業が環境面に与える効果としては、例えばドローンや衛星等によるセンシングデータや気象データを活用したAI解析により、農作物の生育や病虫害を予測し、高度な農業経営が可能になる点を挙げることができます[24]。

　スマート農業に活用されるテクノロジーには、IoT、ビッグデータ、AI、ロボット等がありますが、ここではIoTを中心にみることにします[25]。

b　スマート農業の構築

　スマート農業においても、IoTの一般的な活用手順が適用されることとなります。

Step1：データの収集と蓄積

　温度や湿度、日照時間等の環境データを収集するセンサーやカメラ、通信モジュールを搭載したIoT機器を圃場に設置、そこから収集したデータをクラウドのデータベースに集積。これにより、計測・収集に手間がかかったり計測が困難なデータを24時間365日に亘り収集可能。

　そして、作物の生育や病害の発生を照らしてデータを分析、適切に対応することにより品質や収穫効率の向上を実現。

Step2：ビッグデータの分析と予測

　IoT機器で集積したビッグデータを、AIにより分析して、収穫量の予測や病害発生リスクといった分析や予測結果を活用することにより、あらかじめ対策を検討、実行することが可能。

Step3：AIがシステムや設備を自動制御

　AIがビッグデータを自動的に分析して、水や肥料の供給等を最適にコントロールするよう、機械や設備を制御。

　また、カメラやドローンを組み合わせることにより、生育状況のモニタリングや農薬散布の自動化を実現。

c. スマート農業の実践

　スマート農業の実践の代表的なケースをみると次のとおりです[26]。

（a）圃場の水管理

　センサーにより圃場の水位・水温等を自動測定したデータがクラウドに送られて、ユーザーはPCやモバイル端末を使って状況を確認することができます。

　また、ユーザーがPCやモバイル端末で給水バルブ・落水口を遠隔または自動制御するシステムも開発されています。

CASE STUDY
👍 農研機構

　農研機構は、土地改良区等が管理するポンプ場から農家が管理する圃場の自動給水栓までを連携させて、水利用に応じた効率的な配水を行う水管理制御システムiDAS（Irrigation and Drainage Automation System）を開発しました[27]。

　iDASは、監視制御ソフト、サーバー、現地制御用PLC、LPWA等の無線通信機器がパッケージとなったシステムで、パイプラインによる農業用水の節水、ポンプ電力の節減、水田灌漑地区の施設管理者の省力化の効果が期待

できます。

なお、PLC（Programable logic controller）は、プログラマブルな命令を記憶するメモリを内蔵した電子装置で、LPWA（Low Power Wide Area）は、省電力で長距離通信を要するIoTに特化した通信規格として開発された無線通信技術です。

実証実験において、低平地水田パイプライン灌漑地区へのiDASの導入により、ポンプ場の消費電力が40%削減されたとの結果が出ています。

(b) 太陽光による農業IoTゲートウェイ

太陽光発電によって、農作物の成長に必要な土壌データや環境データをゲートウェイで取得するセンサーシステムを開発・販売しているケースがみられます。

CASE STUDY
👉 Momo

農業IoTソリューションのAgri Paletteを提供するMomo（日）は、太陽光を利用した農業IoTゲートウェイ、AgriPalette NEXTを開発・販売しています[28]。

AgriPalette NEXTは、土壌水分量・土壌温度等の土壌データと日照量・気温・湿度・CO_2濃度等の環境データを専用のゲートウェイで取得して可視化するセンサーシステムです。

AgriPalette NEXTのユーザーは、土壌三種（温度・水分量・EC）センサー、日照量センサー、温湿度センサーを自由に組み合わせてデータを取得することができます。

そして太陽光の利用により、ユーザーは電力会社からの電力供給を受けることなく、圃場のきめ細かな管理が可能となります。

....

> ### コラム 🌲 insurtech

IoTと保険を組み合わせるinsurtechは、保険業界とそのビジネスモデルにとって極めて重要な意味を持っています。実際のところ、保険業界の役員の81％がIoTによる "connected insurance" が普遍的なものになると見込んでおり[29]、IoTが保険業界を大きく変革するトリガーになるポテンシャルを持っています。

従来、保険業界は過去のデータのリスク分析を基にして先行きを予測するという手法をとってきましたが、IoTセンサーにより、リアルタイムで発生している状況をビッグデータとして収集、分析するデータサイエンスが可能となっています。

このように、IoTセンサーにより、常時、モニタリングをすることにより、保険会社は健康、安全、環境等に関わる保険契約の内容を設定することができます。

また、センサーを個人、車、住居地に設置することに加えて、災害等の地域的な情報を収集することにセンサーを活用することができます[30]。

例えば、住宅保険の環境面でのIoT活用には、照明の自動調整、水道管からの水漏れ検知、煙感知等があります。また、再生エネ設備も、IoTと保険を組み合わせるinsurtechにより、リアルタイムでパフォーマンスのデータを把握して、サステナビリティサービスの向上を図ることができます。

....

❸ IoTを構成する機器等が排出するGHGの抑制

グリーンIoTは、IoTを活用するアプリやサービスがGHG排出量を少なくする効果があることを意味するとともに、IoTを構成するセンサーやデバイス等が排出するGHGを削減するという意味を併せ持ちます。

2021年で世界におけるIoTの数は600億で、2030年にはこれが1,000億に達すると予想されています。この結果、IoTから収集されるデータはとてつもない規模となる一方、さまざまな機器で構成される多数のIoT自体から排

出される CO_2 も大量になることが見込まれます[31]。

　サステナブルでスマートな社会を形成するためには、IoTを構成するセンサーやデバイス、アプリ、サービス等自体が排出するGHGを削減し、高いエネルギー効率性を持つグリーンIoTでなければなりません。グリーンIoTは、グリーンデザイン、グリーン生産、グリーン廃棄ないしリサイクリングといったIoTのライフサイクルすべてのフェーズにおいて、環境へのネガティブな影響を最小限に抑える必要があります。

　こうしたグリーンIoTに活用されているテクノロジーには、グリーンRFIDタグや、グリーンWSN、エッジコンピューティング・エッジAIがあります。

i　グリーンRFIDタグ

　RFID（Radio Frequency Identification）は、極小化したチップとアンテナを組み合わせた小型のエレクトロニクデバイスで、近距離の無線通信ができます。RFIDには小型のタグリーダーが組み込まれており、対象物に付けられているRFIDタグが蓄積したデータを非接触で自動的に収集・蓄積する自動認識機能を持っています。

　RFIDタグには、電池を持たないパッシブタグ、電池内蔵のアクティブタグ、両者の特徴を持つセミアクティブタグがあります。RFIDタグの記憶容量は大容量で、その構成はデータを書き込めるICチップ、アンテナ、コンデンサー等となっています。

　グリーンRFIDには、RFIDタグの大きさを最小にするとか、エネルギー効率の良いRFIDタグが開発されています。

　グリーンRFIDは、例えばごみの収集、ビルで使用のエネルギーの効率性向上、自動車の排ガス抑制等、さまざまな分野で活用されています。

CASE STUDY
👉 **Avery Dennison**

　グローバルに展開するマテリアルサイエンス企業のAvery Dennison（米）では、RFIDタグに次のテクノロジーを駆使したグリーンタグを開発、提供して、サステナブルなRFIDソリューションを実現しています[32]。

a. リサイクル可能な紙を基材に使用してプラスチックフリーを実現

b. 重金属を含まないアンテナ素材

c. アルミアンテナ用の薬品を使ったエッチングを行わないことにより製造工程におけるエネルギー消費量の抑制。これにより、アルミニウム残留物が完全にリサイクル可能となり、カーボンフットプリントも大幅に削減

d. チップの接着に使用する接着剤を最小限に抑制

ii　グリーンWSN

WSN（Wireless Sensor Network）は、分散設置した多数の無線センサー機器（ノード）が協調してさまざまな環境状況のモニタリング等を行うネットワークです。

環境面で活用されるWSNは、道路、工場、倉庫、駅、店舗等、屋内外のさまざまな場所に構築することが可能で、センサーにより温度・湿度、照度、CO_2、電力等のデータを収集・分析して、環境を最適にコントロールする機能を発揮します。

WSNの国際標準規格としてのIEEE802.15.4は、WSNの小型で省電力、安定運用、セキュア等の要素を具備しています。

グリーンWSNには、次の省エネ対策が講じられています[33]。

a. センサーが要求された時だけ稼働して、それ以外の時にはアイドルないしスリープモードにする。

b. 通信に要する電力消費を自動制御する。

c. 通信されるデータを圧縮する。

d. エネルギーの効率性が最も高い通信ルートを選択する。

e. 再生エネを使用して稼働する。

iii　グリーンクラウドネットワーク

エネルギー効率性に優れるIoTネットワークには、データセンターが不可欠です。グリーンクラウドネットワークは、大量のデータを保存し計算能力も抜群でインターネットでサービスを提供するクラウドを活用して構築されます。

　クラウドでは、ユーザーに対して統合したデータを提供しますが、大量のエネルギーを消費します。このため、グリーンクラウドは、MILP（Mixed Integer Linear Programming、混合整数線形計画法）等を活用してリソースアロケーションを適切に行うパワーマネジメントが実行されます[34]。

iv　エッジコンピューティングとエッジAI

a. エッジコンピューティング

　IoTでは、データを集中処理するクラウドを活用することが一般的ですが、IoTがさまざまな分野で活用され、つれてデータセンターの電力消費量もCO_2排出量も大幅に増加する恐れがあります。

　そこで、クラウドにデータを送らず、IoT端末等のデバイスやそのすぐ近くに配置のエッジサーバーでデータ処理や分析を行うエッジコンピューティング（edge computing）の導入が進んでいます。エッジコンピューティングのエッジは、IoTのそば（エッジ）のコンピューティングということからきています。

　一般的なクラウドでは、エッジ側に設置のデバイスは、単にIoT環境とクラウドを結びつける中継地点ですが、エッジコンピューティングでは、IoT端末等のデバイスやエッジサーバーが、可能な限りデータ処理・分析を行うことになります。

　もっとも、エッジコンピューティングにおいてもクラウドによるデータ処理・分析がまったく不要になるというわけではなく、エッジコンピューティングによりデータ処理や分析を終えた結果、必要なデータのみクラウドに送りそこでデータを蓄積、管理することになる分散コンピューティングとなります。

　このように、エッジコンピューティングでは、クラウドへの負荷が軽減されて電力消費量の節減効果があるほかに、IoTの近くでデータ処理や分析が行われることからリアルタイム性が高いといった特徴があります。

【図表3】クラウドコンピューティングとエッジコンピューティング

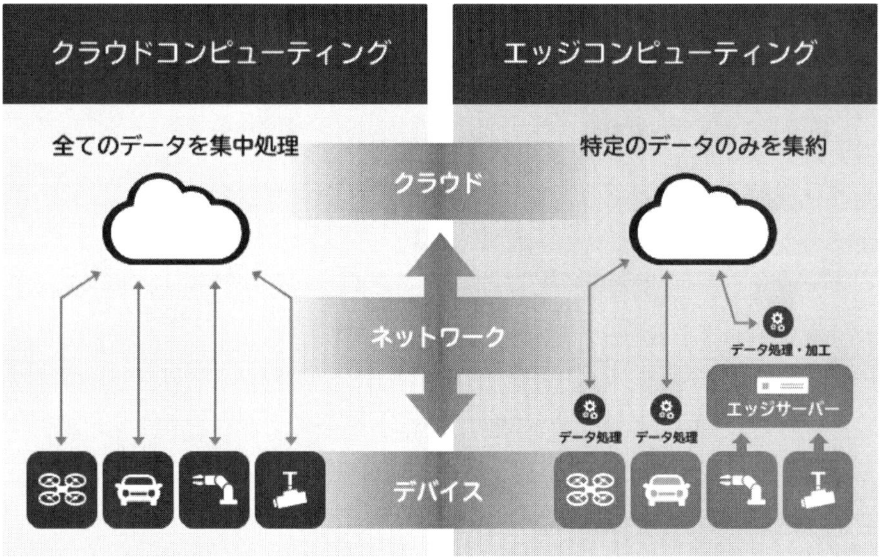

（出所）NEC

　エッジコンピューティングの特徴を整理すると次のようになります[35]。

（a）ネットワーク負荷の軽減

　エッジコンピューティングは、エッジサイドでデータ処理を行い必要なデータをクラウドに送ることから、通信データの量が抑制され、ネットワークの負荷を軽減することができます。

（b）低レイテンシー

　レイテンシー（latency）は、データ転送においてデバイスに対して転送リクエストを出してからデータが送られてくるまでの通信の遅延時間で、応答が遅いことを高レイテンシー、速いことを低レイテンシーと言います。

　IoTの活用が進んで大量のデータがすべてクラウドサーバーに送信されると遅延が発生しますが、エッジコンピューティングは、エッジサーバーがデバイスのそばでデータ処理をすることから物理的な距離が短く、低レイテンシーを実現することができます。

(c) セキュリティの強化

　エッジコンピューティングでは、大量のデータ処理をエッジサーバーで行い、次いで必要なデータをネットワークに流すことから、大量のデータをそのままネットワークで送るクラウドコンピューティングに比してデータの漏洩リスク等のセキュリティリスクを抑えることができます。

b. エッジAI

　エッジAIは、エッジコンピューティングをAIに応用した技術で、エッジコンピュータ上でAIの機会学習モデルを使ってAI処理を行って推論結果を出す技術です。

　機械学習モデルの構築は、大量の学習データやそのデータを高速処理できる環境が必要になりますが、それをエッジ側で行うのは基本的に難しいことから、クラウド環境等であらかじめ機械学習を行った結果、生成された学習済みモデルをエッジ側のデバイスに与え、エッジ側で推論させることになります。

　そのため、エッジ側のデバイスには推論用AIチップが搭載され、これにより必要な判断がエッジ側で高速に行うことができるようになります[36]。

　クラウドにすべてのデータを送ってクラウド側でAI処理を行うクラウドAIに比べて、エッジAIはデータの発生源の近くでAI処理を行うことからリアルタイムに近いレスポンスを得られ、分析パフォーマンスを向上できる特徴があります[37]。

第3章

サステナビリティ×ビッグデータ

① ビッグデータのコンセプト

グリーンエコノミーを推進するにあたって、データが最も価値あるリソースとなることは疑問の余地がありません。

IoTやAI、ブロックチェーン等のフィンテックによりデータを収集・分析することにより、サステナブルな世界を追求することが可能となります。IoTの普及やデジタル化の進展を主因に、大量のデータがリアルタイムで生成されるようになり、また質的にも多様化、複雑化の一途を辿っています。

ビッグデータは、これまで一般に考えられてきた以上に、膨大な量で、また多様なデータを意味するとともに、そうしたデータを分析してビジネスに活用する仕組みを意味します。

② ビッグデータの3V、4V、5V

ビッグデータは一般に、大容量性（volume）、多様性（variety）、スピード（velocity）の3Vで定義され、それに、正確性（veracity）を加えた4Vで定義されることもあります[1]。

また、この4つの特性が組み合わされて初めてビッグデータの解析に価値が生まれるという意味を込めて、ビッグデータの第5のVとして価値（value）をあげることもあります。

(1) 大容量性 (volume)

大量データがビッグデータの最大の特性です。大量がどれくらいかは業界や地域によって異なります。

ビッグデータにより、事象を構成する個々の要素に分解し、その特徴を把

握して対応することが可能となります。

（2）多様性（variety）

　構造化データから非構造化データ、半構造化データを含む多種多様なデータです。webデータ、テキスト、tweet、センサーデータ、音声、ビデオ、ログファイル等、さまざまな形式でデータが生成されています。

①構造化データ（structured data）：ExcelやCSVファイルのように列と行の概念を持つデータに代表される一定の体系に則って整形されたデータです。構造化データの管理は汎用のデータベースシステム等により簡単に行うことが可能です。

②非構造化データ（unstructured data）：文章、画像、音声等、データの形式や内容に決まりがなく、特定の構造定義を持たないデータです。非構造化データの分析は、構造化データに比べて複雑で容易ではありませんが、ビッグデータの活用によって構造化データでは入手できなかった有益な情報を得ることができます。

③半構造化データ（semi-structured data）：非構造化データにある程度の規則性（フレキシブルな構造）を与えたものです。半構造化データはデータとタグの組み合わせにより管理します。

（3）スピード（velocity）

　リアルタイムデータ等、取得・生成頻度が高く、常にデータが更新され続け、解析も更新され続けるデータです。リアルタイムの不正行為検出やマルチチャネルの即時マーケティング等のケースでは、次々に生成されるデータをビジネスに価値あるものにするためにリアルタイムに対応、分析することが求められ、ビッグデータはこうしたニーズに応えることができます。

（4）正確性（veracity）

ビッグデータの3Vに追加されたデータの正確性ないし真実性は、ビッグデータを利活用するには、データ自体の正確性やデータソースの信憑性、データ処理の信頼性を把握して活用する必要があることを意味します。

すなわち、ビッグデータの利活用では、データに内在する不確実性に対処して、データの品質性を管理することが極めて重要になります。それには、データの信憑性についてチェックしてデータに紛れ込むフェイクニュースやデマ情報等のノイズデータを排除してデータの正確性を担保することが求められます。

しかし、最適なデータクレンジング（data cleansing）を実施しても天候や経済等に関わる一部のデータの本質的な不確実性を排除することはできません。ビッグデータを扱う場合には、こうした不確実性を認識して意思決定等を行う必要があります。

なお、データクレンジングは、データの欠損、重複、不正確等を特定し、一貫性や信憑性、品質を高めて分析や業務に適したデータに修正する手法ないし作業を意味します。

③ ビッグデータとサステナビリティ

（1）サステナビリティ推進とビッグデータの重要性

ビッグデータとその解析は、例えば顧客の選好を把握してそれによりマーケット全体の動向を予測する等、さまざまなビジネスに活用されています。

さらに、ビッグデータの活用は、環境のサステナビリティをいかに推進するか、という分野でも重要な役割を担っています。

サステナビリティ・トランスフォーメーション（SX）の目標達成のためには、まずもって、企業や個人がそれぞれ自己の行動がどれだけ環境に負担をかけているかのデータの収集・把握が必要です。そして、収集したビッグデータの分析によりどのような環境対策をどこに重点を置いて実施することが有効かを判断することとなります。

こうしたビッグデータのサステナビリティ分野への活用は、当初は大企業

に限られていましたが、いまや、中小企業や個人まで含めた幅広い層まで急速に裾野を拡大しています[2]。

（2）SDGsとビッグデータ

　サステナビリティとビッグデータとの関わり合いをSDGsでみると、SDGsの17のゴールのうち特に6つについてビッグデータが大きく寄与していることが分かります[3]（図表1）。

【図表1】SDGsとビッグデータ

SDG	ゴール	ビッグデータの活用例
SDG6	清潔な水と衛生の利用可能性の確保	水道のポンプに取り付けられたセンサーにより清潔な水の供給を受けることができる。
SDG7	低廉でクリーンなエネルギーへのアクセスの確保	スマートメーターによりエネルギー企業は無駄を省き適量な電気、ガス、水を供給することができる。
SDG11	レジリエントでサステナブルな都市と地域の実現	衛星からの送信データにより、公園や森林等の公共地の浸食を把握することができる。
SDG13	気候変動とその影響を軽減するための緊急対策の実施	衛星からの送信やオープンデータ、目撃者の証言等により森林破壊を把握することができる。
SDG14	海洋と海洋資源をサステナブル開発に向けて保全、サステナブルな形で利用	船舶が収集したデータにより違法、規則違反、報告不遵守の漁業を把握することができる。
SDG15	陸域生態系や森林の保護、土地の劣化・砂漠化への対処、生物多様性の損失阻止	ソーシャルメディアからの情報により、災害時の犠牲者の位置や森林火災、煙害の強さ等をリアルタイムで把握することができる。

（出所）United Nations "Big Data for Sustainable Development" を基に筆者作成。

（3）気候変動シナリオとビッグデータ

　地球温暖化に伴い、局地的豪雨や竜巻、巨大台風等の発生が増加する傾向にあります。

　こうした集中豪雨や突風等による被害者を減らすためには、降水量や風速の予測情報をより早く、より正確に住民に伝達することが重要です。

　それには、最先端の観測技術によって収集した高頻度・高密度な観測ビッグデータとそれにより初期値を作成する技術の開発が必要となります。

　海洋研究開発機構では、協力機関とともに「観測ビッグデータを活用した気象と地球環境の予測の高度化」に取り組んでいます。この取り組みでは、ポスト京（スーパーコンピュータ、京の後継機）を駆使して高精度のシミュレーションと気象衛星、ひまわり8号をはじめとする衛星データの活用、他の衛星ネットワークから生み出される新しいデータの活用、さらに最新の気象レーダー、フェーズドアレイレーダーのデータ等の時空間的に高頻度・高密度な観測ビッグデータをフルに活用します。

　そして、この取り組みにより、局地的豪雨や竜巻等を逸早く予報する技術とその被害レベルを推定する技術を開発するとともに、数週間から数十年スケールの台風の発生や特性の変化を予測するシステムの技術開発を進めています[4]。

　さらに、海洋研究開発機構では人間活動に伴い大気中に放出されたエアロゾル（微粒子）やGHG、PM2.5等の大気汚染に関する多種多様な観測データを取り込むことにより、大気汚染が気象や環境に与える影響を予測・監視するシステムの基盤技術を開発して、環境政策や防災、健康対策に資する研究に取り組んでいます。

　また、多くのフィンテック、シンクタンクや大学、コンサルタント等は、ビッグデータを活用して気候変動が企業の業績に与えるインパクトを予測するモデルを開発しています。

CASE STUDY

👉 Amazon

Amazonでは、気候変動についてのデータの収集・分析と気候リスクへの対応ツールの開発に注力しています[5]。

こうした活動の基礎となるのが、オープンソースの気候データやサステナビリティデータのソースであるASDI（Amazon Sustainability Data Initiative）です。ASDIは、一般に公開され誰でも使用できるデータセットであり、ユーザーはコストと時間をかけずにリサーチやイノベーションにこれを活用することができます。

ASDIは、現在、米NOAA（National Oceanic and Atmospheric Administration、米海洋大気庁）、米NASA（National Aeronautics and Space Administration、米航空宇宙局）、英Met Office（Meteorological Office 、英気象庁）、豪クイーンズランド州等と協働して、天候観測や、気候プロジェクションデータ、気象衛星データ、水資源データ、大気データ、海洋データ等をデータセットとして展開、一般に公開しています。

また、Amazonでは、こうしたデータを基にして大規模かつ長期に亘るサステナビリティの課題の解決に挑戦するプロジェクトに対して、Amazonが提供するクラウドサービス、AWS（Amazon Web Services）のテクノロジーやインフラ面から強力に支援する、としています[6]。

したがって、このデータセットとAWSの分析ツールにより、気候変動に関わる最新の科学的な研究を行うことができます。

例えば、ASDIで入手可能なNOAAの天候データを活用することにより、Amazonの運送チームは、大雪や洪水、熱波等の異常天候が顧客に対する商品のデリバリーにどのような影響を与えるかを的確に予想することができます。

また、AWSのインフラチームは、ASDIからの天候データを活用することにより、天候がAWSデータセンターに与えるインパクトを的確に評価することが可能になったとしています。

（4）再生エネの発電量予測データ

再生エネの大きな欠点は、気象条件により発電が不安定となることは、周知のとおりです。この欠点は、大容量の蓄電池の導入によりある程度軽減されますが、これで再生エネによる発電の不安定性が払拭されるわけではありません[7]。

こうした再生エネに付きまとう発電量の不安定性は、再生エネプラントのオーナーやオペレーターのみならず、再生エネプロジェクトを立ち上げる資金供給サイドにとっても悩ましい問題となります。

再生エネプロジェクトを企図するオーナーが資金調達をする場合には、投融資サイドに対して発電量についての予測データを提供することが必要で、その予測の正確性がプロジェクトのファイナンスの成否、条件に大きく影響します。

こうした状況下、ビッグデータを活用することによって、太陽光発電や風力発電について確度の高い発電量予測を行うスタートアップが出現しています。

CASE STUDY
👍 Clir Renewables

カナダの Clir Renewables は、データサイエンスと AI を活用して再生エネプラントの発電量を予測するソリューションを提供して、再生エネプラントの効率性を高めるとともに、再生エネプラントへの投資の魅力を高めることを指向するスタートアップです。

Clir Renewables は、稼働中のさまざまな風力発電プラントや太陽光発電プラントから収集した膨大なデータを基に機械学習アルゴリズムによりビッグデータを分析して、これから建設予定の各プラントが異なる環境下でどのように稼働、発電するかを予測してクライアントに提供します。

また、AIによりクライアントが保有する既存の再生エネプラントの非効率性とその原因を究明して、どうすれば最適な稼働効率を達成できるかのソリューションを導出するといったサービスを提供しています。

👍 **Vestas Wind Systems A/S**

デンマークの Vestas Wind Systems A/S は、風力タービンのメーカーです。Vestas がこれまで納入した風力タービンは世界88カ国に亘り、業界NO.1の納入実績を上げています。また、同社は2022年、サステナブルエコノミーに特化したメディア・調査機関である Corporate Knight 社（加）による世界で最もサステナブルな企業ランキングにおいて第1位に選出されています。

風力発電プラントのコアとなる風力タービンは数百万ドルの投資となり、そのライフスパンは20～30年です。

このような高価なタービンの最適な設置場所を決定する際には、風速、気圧、降水量、気温、湿度等のさまざまなパラメータを考慮に入れる必要があります[8]。

Vestas では、従来、タービンの最適な配置ロケーションの選択にあたっては、業界で幅広く使用されているモデルを使用してきましたが、より正確なタービン配置と電力予測のために、自社のタービンを採用している数多くの風力発電プラントから収集したリアルデータを使用することとしました。そして、世界最大級の IBM スパコンを使ってビッグデータソリューションと構造化・非構造化双方のデータを含むモデリングソリューションの融合により、クライアントのタービンの配置の最適化を導出するソリューションを開発しました。

Vestas では、これによって、天候とロケーションデータを分析して、風力タービンの配置をピンポイントで最適化するとともに発電量を最大化することにより、コストの削減化に繋げることが可能になったとしています。

（5）サステナブルサプライチェーンとビッグデータ[9]

消費者がますますエコフレンドリーな商品を嗜好し、サステナブルビジネスに関心を高めるなかで、企業サイドもこうした消費者の行動変化に対応して、サプライチェーンをサステナブルなものとすることを目指して企業内部のシステム改善に注力しています[10]。

伝統的なサプライチェーンでは、ビジネスプロセス間でのデータ交換がないままに縦割りをベースにデータが収集されており、この結果、ロジスティ

ックスの非効率性、透明性の欠如、各プロセスにおける不適切な在庫管理と運送の非効率性、それによるCO_2排出等環境への負荷の増大を招来してきました。

この課題に対応してサステナブルサプライチェーンを実現することは手間がかかるタスクとなりますが、その構築に威力を発揮するのがデータアナリシスによるビッグデータの活用で、ビッグデータアナリシスにより環境のサステナビリティの促進を実践に移すことが可能となります。

サステナブルサプライチェーンは、次の3つのステップを経て構築されます。

❶ サプライチェーンからのデータ収集

サステナブルサプライチェーンを構築するための第1ステップは、データの収集にあります。企業は、サプライチェーンネットワークに関わるさまざまな取引先から環境に関連するデータを取得する必要があります。

サステナブルサプライチェーンに関わる代表的なデータには、例えば倉庫やロジスティックスハブからのルートと距離、原材料の内容、商品単位当たりのGHG排出量、商品のライフサイクル、廃棄コスト等があります。

❷ ビッグデータの分析と環境負荷軽減策

第2ステップは、ビッグデータを分析して、サプライチェーンネットワークが環境に対して負荷をかけている主因とその度合いを計測します。

そして、AI等のイノベーティブなツールを活用しながら、ネットワークによる環境への負荷を軽減する策を講じます。

それには、サプライチェーンの下流でのリサイクル促進、包装素材の改良、製造過程における廃棄ロスの削減、サプライヤーに対するサステナビリティパフォーマンスの改善勧奨等が代表的な方策となります。

❸ サステナブルサプライチェーンとブランドバリュー

第3ステップは、サステナブルサプライチェーンの実現をディスクローズすることにより、企業のサステナビリティへの注力を幅広くアピールします。

　こうした企業行動の透明性を高めることにより、顧客を含むステークホルダーの間に企業のブランドバリューを向上させることが期待できます。

（6）農業経営とビッグデータ

　人類史上、最も長い歴史を持つ産業である農業は、データドリブンによる生産性向上の試みを逸早く導入した業界の１つです。

　さまざまな自然現象の影響を受けやすい特性がある農業分野では、ビッグデータの活用により、気温、風、雨等の気象状況と作柄との関係を分析して、それを種蒔き、施肥、農薬の散布等に生かすことにより生産性、収益性の安定・向上を目指しています。

　農林水産省は、スマート農業総合推進対策事業として、農業事業者がデータを活用した農業を実践するという政策目標を掲げて、行政や施設園芸を中心とした農業事業者をサポートしています。スマート農業は、ICTを活用して、省力化、精密化や高品質生産の実現を推進する新たな農業の姿です。

　農業で必要なデータは、環境情報、管理情報、生体情報に大別されます[11]。

❶ 環境情報

　環境情報は、作物の生育速度を左右する気温・湿度、日射量、CO_2濃度、土壌水分、土壌温度等の環境に関するデータで、それに加えて微生物の働きを環境情報のカテゴリーに入れることもあります。

　環境データは多種多様で、例えば温度にしても、気温、土壌温度、葉面温度といった種類があります。各種のセンシングデータの活用により、環境情報を得ることができます。

❷ 管理情報

　管理情報は、種蒔きや薬剤散布、施肥の時期や量、農業機械をどこでどれだけの時間動かしたか等、農業の管理に関わるデータです。

❸ 生体情報

　生体情報は、作物の大きさ、葉の面積、果実の糖度や酸度、収量といった

作物の生育状態に関するデータです。例えば、圃場全体をモニタリングするためにドローンが活用されています。

　農作物の品質や収量についての目標達成のためには、この3つのデータを的確に収集して蓄積したビッグデータを解析することにより、科学的な農業を実践するデータ農業が実現します。

CASE STUDY
👍 Gro Intelligence

　Gro Intelligence は、農業関係のビッグデータを提供するスタートアップです。なお、TIME は 2021 年、Gro Intelligence を世界で最も影響力のある企業100社の1社に選びました。

　Gro Intelligence の創業者 Sara Menker は、エチオピア生まれで幼少期に深刻な 飢饉で100万人もの死者が出たことを経験しており、2014 年に AI と機械学習を活用して気候変動と食料不足の課題に立ち向かうためのスタートアップを創設しました[12]。

　Gro Intelligence は、世界の4万を超える情報源から650兆のデータを収集、15千種に上る農産物の収穫を分析、予想します。

　Gro Intelligence の顧客は、大手食品会社から農家、BNP パリバやウエルスファーゴ等の金融機関、政府機関まで幅広い層に亘っており、世界の農業エコシステムに関するデータと分析サービスを提供、顧客の農産物の生産計画や農業部門への投資等をサポートしています。

（7）水資源に関するビッグデータ

　水は、希少な資源であるとともに、豪雨、洪水、渇水、旱魃、水質汚染等、水に関連するさまざまなリスクがあります。

　こうした水のリスクは、人の健康のほか、商工業、農業、エネルギー産業に悪影響を及ぼし、また、湖や河川、湿地、その流域に広がる森林や草原等、自然環境を大きく劣化させ、さらには野生生物種を絶滅の危機に陥れる原因となります。

　こうした水のリスクを把握してそれに的確に対処するためには、透明性の

あるビッグデータの公開が必要となります。

CASE STUDY

👉 世界資源研究所

　世界資源研究所（World Resources Institute、WRI）は、企業や政府、財団等との協働のもとに、Aqueductの名称で世界中の水のリスクを示すwater-risk mapping toolを提供しています。

　水のリスクを把握してそれに的確に対処するためには、透明性のあるデータの公開が必要です。Aqueductは、ビッグデータにより水量や水質のほかさまざまなデータを分析して、洪水や旱魃をはじめとする水のリスクをマッピングしてユーザーに提供しています。

　Aqueductのツールには、次の種類があります。

①Aqueduct Water Risk Atlas：さまざまな地域における現状および将来の水のリスクをマッピング、分析。

②Aqueduct Country Rankings：国別、地域別の水のリスクを比較したデータを水の管理者に提供。

③Aqueduct Food：現状および将来の水のリスクが農業と食料の安全に与える影響をデータとして提供。

④Aqueduct Floods：海岸沿い、河川沿いの洪水リスクを収集するとともに、洪水防災のためのインフラ投資のコストとベネフィットを分析。

👉 Gaia Vision

　Gaia Vision（日）は、気候科学に特化したスタートアップで、最先端のサイエンスとテクノロジーにより地球と人類社会が調和した世界を創ることをビジョンに掲げています[13]。

　Gaia Visionの気候学・水文学の専門知識を持つチームが、東京大学生産技術研究所の世界最先端の洪水シミュレーション技術と気候ビッグデータを高速に処理するデジタル技術を活用して、主に2つのサービスを展開しています。

❶ 資産・建物の洪水リスク評価

洪水シミュレーション技術を使って、顧客企業の建物や保有資産の洪水リスク・財務影響を分析します。

日本国内だけでなく、世界中の洪水リスクの分析が可能で、また、過去の災害事例や将来起こりうる災害シナリオの分析を通して、顧客企業のBCP（事業継続計画）策定やサプライチェーン管理等を支援しています。

❷ 気候変動による物理リスク評価

洪水シミュレーション技術と気候予測データを用いて、顧客企業の施設や保有資産に対してシナリオ分析を行い、気候変動による物理リスク・財務影響を定量的に評価することで、顧客企業のTCFD（気候関連財務情報開示タスクフォース）対応を支援しています。

（8）森林に関わるビッグデータ

森林は、CO_2の吸収による地球温暖化防止や雨水の濾過による浄水、生態系のバランスの維持等、さまざまな形でサステナブルな環境に寄与しています。

しかし、森林伐採による畑や農地等へのプランテーションや違法伐採、焼畑農業、森林火災等によって森林の破壊が進行しています。国際連合食糧農業機関（Food and Agriculture Organization of the United Nations 、FAO）によると、世界の森林は1990年以降2000年までに1億7800万ha減少、これはリビアの面積に相当する広さであるとしています[14]。

このように進行する森林破壊の状況把握にビッグデータが活躍しています。

CASE STUDY
👍 Global Forest Watch

国際環境NGOの世界資源研究所（World Resources Institute、WRI）は、企業や大学、研究所、国際機関等との協働のもと、世界の森林をモニターするためのビッグデータのプラットフォームをGlobal Forest Watch（GFW）の名称で提供しています。

　Global Forest Watch によると、2021年、世界の熱帯雨林は3.75ヘクタールの減少で、これは実に1分間当たり10のサッカー場の面積の熱帯雨林が失われていることになるとしています。

　Global Forest Watch は、CO_2 の貯蔵と多様な生態系を維持する熱帯雨林の実態把握とこれを保護していく施策の検討・実施のためには、世界の森林の詳細なデータの収集が前提になるとして、オンラインプラットフォームによりリアルタイムで正確な森林データを提供しています。これにより誰でも、いつ、どこでどのくらい森林が消滅しつつあるかをモニターすることができます。

　Global Forest Watch と企業、大学、研究所、国際機関等、100を超えるパートナーは、データやテクノロジーの共有により適切な森林保全・管理を目指して協働しています。具体的には、人工衛星からのデータをもとに先進的なコンピュータアルゴリズムとクラウドにより、森林の状況を把握することができる情報を提供しています。

　また、Global Forest Watch は、金融機関やメーカー、コモディティトレーダー等のために Global Forest Watch Pro という名称のサービスも提供しています。これは、ユーザーに対して森林の変化や植林の状況、法規制と適正なコンプライアンス等のデータや情報を提供、ユーザーがこうしたデータや情報をカスタマイズして森林投資の最適ポートフォリオを構築したり、法規制に照らしてリスクを検証するとか環境整備のプランを策定する等のニーズに応えることを内容とするサービスです。

（9）生物多様性に関するビッグデータ

　生態系を構成する動植物やその消費者である草食・肉食動物、分解者である微生物や菌類、それにこうした生物を取り囲む自然環境の水・土・大気・光の一つでも欠けると、直接・間接に関わり合い保たれていたバランスは崩れてしまいます。

　生物多様性は、自然環境や、そこに棲む生物の繋がりを総合的に指す概念で、生態系の多様性、種の多様性、遺伝子の多様性の3つのレベルでの多様性を意味します。

SDGsのターゲット14「海の豊かさを守ろう」と15「陸の豊かさも守ろう」の双方に共通するキーワードは生物多様性です。この生物多様性の保全を適切に実践するためには、まずもって生物多様性を定量化し客観的に評価する必要があります[15]。

すなわち、生物多様性をサステナブルなものとするためには、国土全体に亘るさまざまな生物の分布データやそれぞれの種のデータがビッグデータとして利用可能な状態に整備されることが重要であり、そうしたシステムの構築に向けて各種プロジェクトが推進されています。

CASE STUDY
👉 国立環境研究所と琉球大学

さまざまな生物の個体数を計測するためには多くの労力と高度な分類学的知識が必要なため、個体数の調査は比較的少数の生物種を対象にして狭い範囲で行われることが一般的です。しかし、個々にみるとさまざまな場所の生態調査の記録や、博物館（標本）記録等による生物の地理分布データが大量に蓄積されています。

そこで、国立環境研究所と琉球大学の共同研究チームは、集積した生物多様性ビッグデータとデータ科学手法を活用して生物種の個体数を網羅的かつ広域的に解明する手法を開発しました[16]。

そして、この研究チームは、生物多様性ビッグデータを活用して日本全土の木本植物の個体数を推定することに成功しました。なお、木本（もくほん）植物とは、地上に出ている茎が二次成長で木質化（木本）して長い間存続する植物で、要すれば木を意味します。

研究チームは、まず多数の生物の地理分布と野外調査による生物の検出過程を組み込んだ統計モデルを構築し、生物多様性ビッグデータに基づいて生物毎の個体数を広域で評価します。

次に、構築したモデルを日本国内の多数の植生調査データと植物地理分布データに適用し、自然林における木本種の個体数を求めました。

その結果、日本に分布する木本種の大部分にあたる1,200種以上の個体数について、全国をカバーする約10km平方のグリッド毎に推定することに成

功しました。また、得られた推定値を用いて、木本植物の種多様性と個体数を表す地図を作成しました。

　木本植物の個体数の地理分布が、広域で網羅的に定量化されたのはこれが初めてで、この成果により日本固有の高い生物多様性に関する理解が深まるとともに、定量的な地理分布情報に基づく実効性の高い生物多様性保全政策の立案と実行に繋がることが期待されています。

👍 ANEMONE DB（アネモネデータベース）

　水中や土壌等に存在する生物由来のDNAを環境DNAと呼んでいます。生物はフンや粘液等と一緒に自らのDNAの痕跡を環境中に残します。そして、野外で採取した水や土壌等から生物由来DNAを抽出して分析することによりそこに住む生物の種類を知る環境DNA技術が大きく発展しています。

　環境DNA技術は、バケツ一杯の水を基にして、存在する生物の種類や分布が分かる革新的な生物調査で、その手法は日本で開発されました。この環境DNA技術は、捕獲や直接観察による従来の生物調査法に比べて調査現場での作業が圧倒的に少ないことから、従来の調査法では容易ではなかった多地点、高頻度での生物調査を実現する画期的な方法ということができます。

　ANEMONE（All Nippon eDNA Monitoring Network）は、大学や国立研究所等の科学者が企業や市民と連携して設立した環境DNAを利用した生物多様性観測ネットワークです。東北大学、日本郵船、近海郵船、南三陸町、アースウォッチ・ジャパンは、2022年6月から環境DNAを用いた魚類調査によるビッグデータANEMONE DBをオープンデータとして運用しています[17]。環境DNA調査データを蓄積した専用データベースが構築され、それがオープンデータとして一般公開されることは世界初となります。

　ANEMONE DBは、日本で確立された環境DNAによるデータベースで、生き物の天気図として幅広い業界での利活用が期待されています。

(10)廃棄物の収集・処理とビッグデータ

　ごみには、家庭から排出される一般廃棄物と企業等から排出される産業廃棄物があります。

　3R（Reduce、Reuse、Recycle）にみられるように、いずれの廃棄物も有限の資源の採取を抑制して環境負荷を減らした循環型社会の実現のために、ビッグデータを活用して分別、処理、リサイクルのプロセスにさまざまな取り組みが行われています。

CASE STUDY
👍 Topolytics
❶ Topolyticsと廃棄物ビジネス

　スコットランドを拠点とするTopolyticsは、企業がビジネスを行う過程で排出する産業廃棄物のデータを統合・分析、これをビッグデータとしてリアルタイムで追跡してモニター・可視化することにより透明性と効率性を向上して、廃棄物に価値を見出すビジネスを展開するスタートアップです[18]。なお、Topolyticsは、2021年、英リサイクリング賞のイノベーション部門で受賞しています。

　Topolyticsの顧客は、メーカー、卸小売業者、廃棄物を運搬・処理する企業、投資家、NGO、公的当局（地方自治体、政府）と幅広い層に亘っています。

　廃棄物を処理したりリサイクルする企業は存在しますが、そうした企業は各自にデータを収集して対応を検討・実施するという手間暇を要する作業が必要となります。

　しかし、Topolyticsが提供するビッグデータにより、廃棄物の排出企業やリサイクル企業は、それまでよく分からなかった廃棄物の出所やそのフローを把握することができ、ビジネスモデルの修正等により廃棄物の削減、資源のリサイクルを推進して、サーキュラーエコノミーの実践等、環境負荷の削減策を講じることが可能となります。

　実際のところ、メーカー、小売業者、オフィス、インフラ設備、建設業者から排出される廃棄物は、プラスチックや紙類、金属、化学物質、食品等、リサイクルができる物やできない物、特殊な廃棄物、有害廃棄物等、多種多様です。しかし、こうした廃棄物は、それらを移動し処理し、リサイクル・リユースするか最終的に廃棄するか、いずれかの途を辿ります。

　こうしたプロセスは、環境やCO_2にインパクトを与えることになりますが、そうした観点からの廃棄物の質的チェックはややもすれば十分行われていないケースが少なくありません。

　そこで、Topolyticsではアプリやセンサー、データベース、スプレッドシート等を活用してさまざまな廃棄物のデータを統合したうえで、データを機械学習により分析、その最終処理へのプロセスを導出して、環境・サステナビリティレポートの形でユーザーに提供しています。

　このように、Topolyticsの大きな特徴は、伝統的にテクノロジーが魅力的ではないとみられていた廃棄物処理の分野にさまざまなITを活用しているところにあります。

❷ Topolyticsの廃棄物マップの活用例：コカ・コーラ、DS Smith、BrewDog

　Topolyticsが廃棄物のリサイクルに注力する際のユニークな方法は、地理的なデータを活用して膨大なデータをビジュアル化することにより、ユーザーが廃棄物についての理解を深めるよう工夫していることです。

　すなわち、Topolyticsはスコットランドの企業や地方自治体、その他の組織からのデータを基にして廃棄物とそのリサイクルの動向に関するマップ、Scotland's Waste and Resources Mapを作成しました。

　Topolyticsは、さらにこのマップを充実したものとするために世界的なソフトウエア会社であるSAPと協働してCOP26 waste insights projectを組成しました。

　このプロジェクトでは、SAPのカスタマーである欧州コカ・コーラと包装材会社のDS Smith、英国最大のビール醸造会社のBrewDogの3社の原料、製品、それに製造プロセスから排出される廃棄物のデータを抽出、分析しています。このように、原料が製品となり販売されるサプライチェーンの分析を通じて、最終的には環境へのインパクトの抑制策が検討されました[19]。

　この結果、上述の3社とも自社が使用する原料から製品の販売までのプロセスにおいて、工場、倉庫、運送、カフェ、家庭等でいかに廃棄物が排出され、そのうち何がリサイクル可能なものであるか、どうすれば廃棄物の量を削減できるかを明確に把握することができ、その最適な対応策を実践するこ

とができたとしています。

　また、これにより、政府、投資家、廃棄物処理業者、消費者、スタートアップ等は、廃棄物についての戦略、工夫を検討することができ、リサイクルについての具体策やインフラ構築を行うことが可能となる、という大きな効果をあげています。

(11) グリーン投資家とビッグデータ

❶ ESGデータの透明性、正確性の担保

　AI、機械学習からアウトプットされるビッグデータは、複雑なデータを収集、分析するコストと時間を節減します。こうしたビッグデータは、投資家が投資リスクとリスク調整後リターンを把握する重要な材料となり、投資判断を下すバックボーン的な役割を担います。

　環境や社会問題に関わる情報供給状況をみると、ディスクロージャーの不足から情報の非対称性が生じ、サステナブル投資をする際のサーチコストが増加したり、リスク・リターンの評価が困難になることが少なくない状況にあります[20]。

　こうした課題に対応して、ビッグデータはサステナブル投資に関わる情報の透明性を高めることにより、高いコストをかけることなく投資のgreennessの判断を容易にして、投資家とサステナブル投資機会のマッチングを可能とします。

　ESGに関わるデータの重要性から、いまや世界で200を超えるESGデータプロバイダーやスタートアップがマーケットでビジネスを展開しており、ESGデータ業界が形成されつつあります[21]。

　このことは、ESGに関わるデータビジネスが、金融サービスの主流の一つになる方向にあることを示すとともに、フィンテックによってESG投資マーケットがより透明性と公正さを具備したものになることを意味します。

　こうした背景には、企業が公表するサステナビリティに関わるデータがややもすればビッグデータの要素の1つである正確性を欠くケースがみられる実情があります。そして、これに対処することを目指して、フィンテックを構成する各種のテクノロジーを活用してデータの正確性の担保を指向したフ

ィンテック・エコシステムが台頭しています[22]。

その代表例として、大量のデータをスピーディに処理するアナリティクスの能力を持つ金融機関の間で各種のESGデータを統合して提供するサービスが出現しています。こうした金融機関は、APIによるオープンバンキングによりフィンテックを活用して先進的なデータの分析を提供する戦略的なプラットフォームを提供しています。

このことは、金融機関が資産のカストディアン（safe-keeping of assets）からデータのカストディアン（safe-keeping of data）にサービス分野を拡大して、投資のバリューチェーンの向上を目指すことを意味するものです[23]。

❷ グリーン投資家と環境・社会問題

気候変動等の環境問題や、不平等・差別・健康格差等の社会問題に対する意識の高まりから、こうした諸問題に関わるデータが一段と重要になっています。

特に、ミレニアル世代の多くは、投資に際してどれだけのリターンが得られるかだけが関心事ではなく、そのリターンがどのようにして生まれ、リターンを得るために環境や社会にどのようなコストをもたらしたかに大きな関心を持っています[24]。

このように、投資家の関心が環境や社会問題へシフトすることにより、ESGに関わるデータの重要性が増し、その内容も多様化しています。

しかし、各社がESGに関わるデータを自主的に提供することから、その内容を比較検討することが難しく、また、自社の取り組みについてネガティブな側面を包み隠し、ポジティブな側面を強調するようなケースではグリーンウオッシュが発生する恐れがあります。

したがって、グリーン投資家にとっては、そのようなノイズを排除して正確なデータを迅速に入手、それを分析して的確なグリーン投資を実践することがややもすれば難しくなる可能性があります。

こうしたことから、機関投資家の間では、複数のデータプロバイダーが提供する各種データを総合的に判断してポートフォリオの構築等にサステナビリティの要素を組み込むケースが少なくありませんが、State StreetやGoldman

Sachs、JPMorganといった大手の機関投資家は、投資の候補となる企業のESGについてインハウスで独自の分析を行うことにより投資家のニーズに応えています。また、機関投資家や格付け会社等が、ESGに関するリスクに特化した企業を買収する動きもあります。

CASE STUDY
👉 Etho Capital

Etho Capital は、投資家のリターンと環境の保全・改善の両立を実現することをパーパスとする金融テクノロジー会社で、気候インパクトについて最適化を指向するとともに財務的リターンを向上させるために、AIと機械学習を活用しています。

Etho Capital は、米国の上場企業のなかから気候効率性が良くESGサステナブルである企業から構成されるEtho気候リーダーシップ指数（Etho Climate Leadership Index）を組成しています。

そして、Etho Capital は、Etho気候リーダーシップ指数のパフォーマンスに連動するETFを運用しています。

【図表2】Etho Climate Leadership US ETF と S&P500のカーボンフットプリント比較

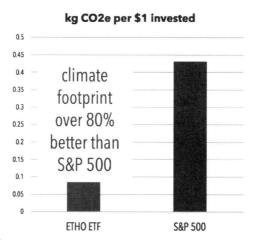

（出所）Etho Capital scope1-3 climate database calculations 2019

Etho Capitalは、企業のScope1〜3のGHG排出総量を時価総額で除して企業の「気候効率性」（climate efficiency）を算出します。Etho Capitalは、こうした気候効率性の算出を主要1万社を対象に行い、気候に関わる優良企業（climate leader）を選出します。このように、Etho Capitalが投資対象として判断する主要な指標は、企業のカーボンフットプリントで、GHG排出量を基準としてビッグデータによりサステナビリティを判断しますが、また、ESGに関わるデータも判断材料としています。

Etho Capitalが投資対象としてETFに組み入れている企業の気候効率性は、S&P500よりも8割以上、良好なデータとなっています（図表2）。

👍 BlackRock

世界最大手のアセットマネジャーであるBlackRockは、2021年にBaringa Partnersから同社の気候変動シナリオモデルを取得しました[25]。

BlackRockは、ポートフォリオのリスク・リターン分析と運用を統合的にサポートするシステムであるAladdinを構築、運用していますが、このシステムにBaringa Partnersの気候変動シナリオモデルを組み入れています。

この提携により両社は、気候変動と低炭素エコノミーへの移行に伴う投資家や銀行等の顧客が持つ金融資産へのインパクトについて、標準的なモデルの構築に向けて協働することとしています。

👍 HSBCアセットマネジメント

HSBCアセットマネジメントは、米国に本拠を置くESGとダイバーシティ・インクルージョン（D&I）を専門とするコンサルタント会社のRadiant ESGに出資しています[26]。

Radiant ESGは、ESGに関わるビッグデータの高度の分析能力を持つスタートアップです。

そして、HSBCのバックアップによりRadiant ESGは、RadiantESG Global InvestorsとしてESGのポジティブインパクト投資とSDGs投資戦略を展開しています。

👍 **RepRisk**

　スイスを本拠地とするRepRiskは、企業のESGリスク情報提供機関です。

　RepRiskアナリストチームは、AIと機械学習によりビッグデータを解析して多くの企業のESGリスクメトリックスを作成しています。

　RepRiskが対象とする世界の企業は23か国語に亘り、企業が抱える重大なESGリスクや国際基準に反する企業行動により企業の評判リスクや企業業績にネガティブなインパクトを及ぼす恐れのあるリスクを摘出します。

　なお、RepRiskは、2022年に日本法人レプリスクジャパンを設立して東京にオフィスを開設しています[27]。

　RepRiskが収集、分析するデータソースは、紙ベースやオンラインベースのメディア、ツイッターやブログ、政府機関、規制当局、シンクタンク、NGO、ステークホルダーのフィードバック、それにRepRisk自身の調査で、日々10万件を超える新たなデータでデータベースがアップデートされています。

　ここで注目されるのは、RepRiskは、企業自身が公表する各種情報をRepRiskのデータソースから意識的に除外している点です。RepRiskでは、この理由は、特にESGリスクに関する限り、企業の公表データは信頼性に乏しいケースが少なくないことによるとしています。

　RepRiskは、顧客にRepRisk ESGリスクプラットフォームを提供しています。ESGリスクプラットフォームは、ESGリスクに関する世界最大のデータベースで、すべてのセクター・マーケットの20万を超える公共・民間企業（7％が上場企業、93％が非上場企業）と鉱山、化学プラント、パイプライン、港湾、工場等5万を超えるプロジェクトをカバーしています。企業の本拠地の地理的分布は、北米24％、アジア33％、欧州26％等となっています。なお、このプラットフォームは、SASBスタンダードを採用しています。

　RepRiskの顧客は、世界の大手金融機関や機関投資家で、RepRiskリスクプラットフォームが提供するデータを貸出先や投資先のビジネスに関わるESGリスクの判断材料としています。

コラム 🌲 **東京都のグリーンファイナンス外国企業進出支援事業**

　東京都は、ポスト・コロナを見据えながら、気候変動対策を推し進め、経済・社会のサステナブル・リカバリーを指向しており、これを確かなものと

【図表3】東京都のグリーンファイナンス外国企業進出支援事業で補助金が交付された企業　（2021年度中）

企業名	国名	事業内容
Cogo Connecting Good	ニュージーランド	日本の銀行や決済プラットフォームのユーザーに対し個人・法人のCO_2排出量を計算、その影響を削減する行動を支援するCO_2追跡ソリューションを提供。
Doconomy	スウェーデン	クレジットカードによる取引から消費者のCO_2排出量を計算、地球環境へのインパクトを推計するサービスを提供。
MaximusLife	米	クラウドベースのSaaSフィンテックプラットフォームにより従業員向けに日常行動におけるCO_2排出量を計算、カーボンオフセット手段を提供。
RepRisk	スイス	ESGリスクへの対応に関心のある銀行、資産運用会社、PEファンド、年金基金等に対し、ESGや企業行動リスクに関する世界最大のデータベース・実データ・分析データ・レポートを提供。
RIMM Sustainability	シンガポール	中小企業やスタートアップのESG/SDGs情報を管理・スコアリングするSaaSツールの提供。ESG/SDGs情報のデータを活用したコンサルティング事業も展開。
SESAM m	仏	オルタナティブデータとAIを活用、世界中の民間企業・ファンド・銀行・プライベートエクイティ・資産運用会社にESGスコア、分析、指標を提供。

（出所）東京都政策企画局「グリーンファイナンス外国企業進出支援事業」

するために、グリーンファイナンスのさらなる普及、マーケットの拡大に向けた取り組みを進めています。

そして、この取り組みの一つとして、2021年から「グリーンファイナンス外国企業進出支援事業」との名称で、グリーンファイナンスに取り組む金融系外国企業の東京への進出を支援するプロジェクトを展開しています。

具体的には、資産運用業、またはフィンテック事業を営む外国企業に対して進出支援プログラムの提供と補助金の交付を行います。支援プログラムでは、広報活動、コンサルティング、ビジネスマッチング、金融ライセンス登録サポートが行われます。

👉 Mio Tech

❶ CarbonLens

Mio Techは、企業のESGに関わるデータを分析、提供するコンサルタントビジネスを展開する中国のスタートアップです[28]。

Mio Techが運営するESGhubは、AI等を活用してユーザーである企業のESGデータを収集・分析してレポートするSaaSプラットフォームです。

そして、Mio TechのESGデータベースを基にして、企業が属する業界や地域における当該企業のポジションを把握して、どのようなESG戦略が必要であるかを分析します。

このうち、CO_2や電力使用についてみると、Mio Techでは、IoTとAIのテクノロジーを活用して、企業のGHGと電力使用量のデータを効率的にモニター・分析し、カーボンフットプリントを計測・レポートします。なお、Mio Techは、こうしたテクノロジーの組み合わせをCarbonLensと呼んでいます。

ユーザーである企業は、CarbonLensの機能により環境パフォーマンスの戦略を構築、実行することができるとともに、国際基準や国内法規制の遵守によりステークホルダーにブランドイメージを向上することができ、さらにはグリーンファイナンスの円滑な調達が期待できます。

❷ Mio Tech のデータ収集

Mio Tech は、中国の民間と公共企業合わせて 80 万社に亘る ESG データを収集、それを 1 つのプラットフォームにしてデータセットとして提供しています[29]。

Mio Tech の ESG フレームワークには、1 千を超えるデータのポイントがあり、これが絶え間なくアップデートされています。

Mio Tech では、こうしたデータを企業のアニュアルレポート、ESG レポート、プレスリリース、取締役会の決議レポート等から収集します。そして、ビッグデータと AI による CO_2 排出抑制策やエネルギーマネジメントシステム等、企業の ESG 政策が最新のサステナブルフレームワークに合致しているか、他企業と比べた場合はどうか、等についてチェックします。

また、Mio Tech の ESG フレームワークにより、環境マネジメント、気候変動対応、水資源管理、汚染廃棄物処理等、定性・定量の指標に照らし合わせることにより企業の ESG の状況が分析されます。

そして、Mio Tech は企業のビジネスからみて短期、中期、長期の気候リスクを分析したうえで戦略を企画・提案するとともに、TCFD の勧告に沿ったレポートの制作をサポートするサービスを提供しています。

👍 KPMG Lighthouse

大手機関投資家や銀行の中には、複数のチャネルを通して ESG データをフォローし、大きな変動等があればそれをほとんどリアルタイムで分析して、ポジション調整を行うことができる態勢を整備しているケースがみられます。

しかし、中小企業等にとってはそうした機動的なデータ収集とそれに迅速に対応するシステムを構築することは容易なことではありません。

そこで、こうした企業を中心に ESG データの供給等を行うプラットフォームを構築して各種サービスを提供するケースがみられます[30]。

KPMG Lighthouse は、ESG データの収集、分析、AI、IoT、ブロックチェーン等のテクノロジーを活用して世界の各地に存在する顧客のビジネスをサポートするデータセンターです。KPMG Lighthouse のデータサイエンティストとエンジニアは、大手アセットマネジャーや Google と協働して ESG IQ の

名称で、アナリティクス・プラットフォームを開発しました。

　KPMGの顧客は、このESG IQを使って、複数のデータ提供会社からの構造ESGデータや、メディアのニュース、SNSが発する情報、NGOのレポート、研究論文、webで流れる情報等の広範に亘る非構造ESGデータを選択して、そのデータをプールすることが可能です。

　また、ESG IQプラットフォームは、投資ファンドや、ソブリンウエルスファンド、債券、株式、RMBS、CMBS、ABS等の仕組債、さらには、流動性のない貸付債権やMBSのスコアリングを行うサービスを提供しています。

> ## コラム 🌲 ビッグデータとロボット

　環境や社会課題への対応にポジティブな企業から構成される最適ポートフォリオを組むことは、特に個人投資家にとっては容易なことではありません。そこで、フィンテックを活用してこうした企業で構成される投資信託を組成、提供するケースがみられています。

　すなわち、投資アドバイス・資産管理の分野では、フィンテックのビッグデータ技術を活用して個人投資家へのアドバイスを無料で行うとか、ファンドや個別株の選択や運用を低コストで行うサービスが「ロボアドバイザー」の名称で実施されていますが、これを環境の分野で活用する例がみられます[31]。

　ロボアドバイザーのサービスは、ポートフォリオのアセットアロケーション、リバランス、配当の再投資、節税を勘案した投資等、多岐に亘りこうしたサービスを低コストで行う点が特徴となっています。

　あるサーベイによれば、多くの個人投資家は、自己のポートフォリオが社会的にポジティブなインパクトを持つことが重要であると考えており、このような傾向は機関投資家よりもむしろ個人投資家の方が強いとの結果になっています[32]。

　そこで、いくつかのロボアドバイザーがこうした個人投資家の選好に応じる形で、環境や社会的にポジティブな投資についてアドバイス等のサービスを提供しています。

　以下では、こうしたロボアドバイザーを欧米のケースを中心にみることにします。

CASE STUDY

👍 2 Degrees Investing Initiative

　環境投資の促進を目指してグローバルな活動を展開するシンクタンクの2 Degrees Investing Initiative（2DII）は、欧州の個人投資家に向けて、グリーン、ESG、社会的責任等のサステナブル投資のためのオンラインハブをMyFairMoney の名称で提供しています[33]。

　MyFairMoney は、2020 年にドイツで最初のバージョンが導入され、翌2021 年に全ヨーロッパで使うことが可能となっています。

　この MyFairMoney の特徴は次の 3 点です。

①個人投資家向けにサステナブル投資の教育的な内容が盛り込まれており、ミスリーディングな宣伝に惑わされないよう強くアドバイスしていること。

②個人投資家がサステナブル投資のどのような点を選好しているかを質問して、各自がサステナブル投資の真の意義を認識するよう工夫されていること。

③9 千を超える欧州ファンドのデータベースが提供されており、投資家は自己のサステナビリティ基準で、ファンドの選択ができること。

👍 Betterment

　米国の Betterment は、大手の一角を占めるロボアドバイザーです。Betterment は、SRI の運用を提供しており、投資の必要最低額を設定していないことから、投資家は例えば数百ドルといった小規模でも SRI ポートフォリオの構築が可能となっています。

　Betterment の SRI ファンドの運用方針は、環境や社会的にネガティブな企業への投資を極力抑制し、ポジティブな企業への投資にウエイトをかけるサステナブル投資を基本とします。

　投資家は、パソコンかスマホから Betterment にアクセスすることができます。

👍 Personal Capital

米国の Personal Capital は、SRI ファンドを提供するロボアドバイザーで、ESG について長年、研究と格付けを実施している Sustainalytics と提携しています。

Personal Capital の SRI ポートフォリオは、米国株、外国株、米国社債、外国社債、オルタナティブ投資、現金の 6 つのアセットクラスから構成されます。

Personal Capital による SRI ポートフォリオの構築は、まず、広範に亘る指数を構成する株式等からベストと考えられる銘柄を選択します。

次に、その中から Sustainalytics が最も高い格付けを付与している ESG 銘柄に絞って SRI ポートフォリオを構築します。

その結果、例えば化石燃料に依存する電力会社は、Personal Capital の SRI ポートフォリオから除外されることになります。

また、Personal Capital では、最低投資額を 10 万米ドルに設定しており、大口の投資家を対象としています。投資家は、パソコン、スマホに加えて、アップルウオッチからもアクセス可能です。

👍 Wealthfront

米国の Wealthfront は、SRI について投資家の選好にマッチした ETF を提供するロボアドバイザーです。

投資家が、自己の選好を Wealthfront に伝えると、Wealthfront はそれにマッチするようにポートフォリオを構築・運営・リバランスします。ポートフォリオを構成するアセットクラスには、米国株、外国株、新興国株、多国籍株、米国企業債券があります。

また、投資家が米国株指数を構成する銘柄のうち自分が考える SRI のコンセプトに合致しない銘柄がある場合には、それを除外する形でその投資家固有のポートフォリオを構成することも可能です。

Wealthfront の SRI ファンドへの最低投資額は 500 米ドルです。

👍 Earthfolio

米国の Earthfolio は、2000 年に創設された世界最初のサステナブル投資を専門とするロボアドバイザーです。

ロボアドバイザーの多くは、投資家に対して複数のファンドを提供する中の一つが SRI ファンドということですが、Earthfolio は、SRI に特化したポートフォリオを構成する SRI 特化ファンドのロボアドバイザーです。

したがって、他のロボアドバイザーでは、投資家は SRI ファンドに 100％投資するか、投資額の一部を SRI ファンドとするかの選択が可能ですが、Earthfolio への投資は自動的に SRI ファンドに 100％投資することになります。

Earthfolio は、4 つの株式ファンド（米大手企業、中堅企業、小企業、外国有力企業）、4 つの債券ファンド（米短期債、米中期債、高イールド債、地方公共債）、そして 1 つの MMF と、合計 9 つの異なるアセットクラスから構成されるポートフォリオを提供します。

また、Earthfolio は、ESG の環境、クリーンテック、平等と多様性、公正な労働、非暴力（武器のメーカー等を除外）、健康な生活、人権、動物の保護、コーポレートガバナンス、地域社会の発展、という 10 の基準でスクリーニングしたサステナブルファンドを構築します。

Earthfolio の SRI ファンドへの最低投資額は 2 万 5 千米ドルとなっています。

第4章

サステナビリティ×AI

① AIのコンセプト

　AI（Artificial Intelligence、人工知能）は、人間の知能を模倣したコンピュータプログラムを作る科学技術です。人工知能によって人間が行う各種問題のソリューションを見出す作業や、翻訳作業、画像・音声の認識等の知的作業を行うソフトウェアを作り出すことができます。

　AIは、2000年代から開発、活用され始めた機械学習や、ディープラーニング（深層学習）により大きな進展をみています。

　なお、AIはIoTが収集したデータを分析する機能によって、IoTが持つポテンシャルのドライバーとなっています。このように、AIにより強化されたIoTをAI+IoT＝AIoT（Artificial Intelligence of Things）と呼びます[1]。

　AIoTは、イノベーションのスーパーパワーといわれることもあり、スマートホームやスマートシティでその威力を発揮します。

② 機械学習

　機械学習（マシンラーニング）は、AIを支える技術の1つで、人間が学習するようにAI自身が学習する能力をいいます。

　すなわち、機械学習は、大量のデータの読み込みを繰り返し行い学習することにより、一定のパターンやルール、判断基準を発見し、それに基づいてアルゴリズムやモデルを自動的に構築し、未知のものの予測、分析を行います。

　ビッグデータが拡大するにつれて、データサイエンス分野の重要な構成要素である機械学習の重要性はますます高まっています。

　機械学習は、教師データの与えられ方によって、教師あり学習、教師なし

127

学習、強化学習の3種類に分類されます。ここで、教師データは、実際のデータや人間が行った判断により得られる正解に相当するデータを意味します。

また、教師データがある標本と無い標本を組み合わせたデータを利用する半教師あり学習というカテゴリーもあります。

（1）教師あり学習

コンピュータに真実のデータや人間が判別して正解にあたる多くの教師データを与えて、訓練を通じてマシンが未知の情報に対応することができるようにする学習方法です。

教師あり学習は、回帰や分類に利用されるケースが多くみられます。

（2）教師なし学習

コンピュータに正解にあたる教師データを示さず、大量のデータを与えて、データの特徴や全体の傾向を学習させることにより、マシンがデータの特徴等からグループ分け（クラスタリング）したうえで、新たに与えられたデータがどのグループに属するかを判別できるようにする学習方法です。

教師なし学習は、データのグループ分けや情報の要約に利用されるケースが多くみられます。

（3）強化学習

教師あり学習で、試行錯誤を通じてマシンが出した結果に点数を付けることにより、マシンにベストの解を学習させる方法です。

強化学習では、報酬ないし評価が与えられ、ゲーム用のAIに利用されるケースが多くみられます。

③ ディープラーニング

（1）ディープラーニングのコンセプト

ディープラーニング（深層学習）は、機械学習をさらに発展させて、人間の認識過程やものの考え方とよく似た過程を踏んで正解を導き出して、高精

度の分析や活用を可能にする手法です。ディープラーニングによって、現在では人間をも凌ぐパターン認識を発揮できるまでとなっています。

ディープラーニングは、一つの入力層、一つ以上の隠れ層、一つの出力層を含むノードの層で構成されるニューラルネットワークをベースとしています。ニューラルネットワークが、脳の神経細胞（ニューロン）回路の仕組みを模した分析モデルで、回帰、分類、翻訳や画像認識、音声認識といったパターン認識等の分野で応用されています。

そして、ディープラーニングのディープは、ニューラルネットワークの層の深さを指し、入力と出力を含めて4層以上で構成されるニューラルネットワークは、ディープラーニング・アルゴリズムとなります[2]。

（2）機械学習とディープラーニング

上述で、AI、機械学習、ニューラルネットワーク、ディープラーニングが出揃いましたが、ここでこの4つの用語をごく単純化して整理すると、機械学習はAIを構成する1分野（subfield）、ディープラーニングは機械学習の1分野、そして、ニューラルネットワークはディープラーニングのアルゴリズムのバックボーンということができます[3]。

機械学習とディープラーニングの違いは、各々のアルゴリズムの学習方法と、各々のアルゴリズムが使うデータの量にあります。

すなわち、機械学習とディープラーニングを比較すると、機械学習では、学習データを用意する段階、分析ロジックを考える段階、正誤判定を行う段階の各段階で人間が介在する必要があります。例えば、画像認識では、人間を認識するための輪郭、人の顔を認識するための局所の明暗差等の構造データを用意して、これが何を意味するかを分析し、対象物毎に何が特徴であるかを人間が指定する、というように人手の介在が必要でした。そして、このように、対象物の面積、幅、長さ、明暗等の特徴を機械的に捉えたデータを特徴量（feature quantities）といいます。

しかし、ディープラーニングは、これまで人間が手作業で行ってきた特徴量の抽出をAIが行い、AIが抽出したデータの分析を繰り返し行って誤差を極小化するというように、これまで人間が行っていたことをすべてAIが行い、

人間の介在を無くしました。そして、これによりAIの活用範囲を大幅に拡大することが可能となりました。

（3）ディープラーニングとビッグデータ

機械学習と異なり、ディープラーニングはAIが学習するものを自律的に考えて決定します。このような能力を持つディープラーニングは、ビッグデータの解析の進歩に大きく寄与しています[4]。

センサーネットワークやコミュニケーション技術の急速な向上から、ビッグデータの収集が容易となっています。実際のところ、ディープラーニングとビッグデータは、さまざまな展開がみられるデジタル分野のなかで最も急速な進展をみせているテクノロジーの一つであるということができます[5]。

デジタルデータは、その形においてもサイズにおいても驚異的な広がりと伸びを示しています。このように、量、質ともに拡大をみているビッグデータから社会、経済的な価値を抽出することに重要な役割を果たしているのが、機械学習とその発展型のディープラーニングです。日々膨大なデータを収集、分析しているGoogleやApple、Facebookは、ディープラーニングを活用したさまざまなサービスを提供しています。

④ AIとサステナビリティ

（1）AIの環境に対する活用

サステナビリティの分野においてもAIを活用するケースが増えています[6]。

なお、ここでのAIは、機械学習やディープラーニングを含む広義のAIとして話を進めることとします。

AIの環境に対する活用としては、気候変動の予測やそのモデルの構築、太陽光や風力等の再生エネの需給マッチングによる再生エネの統合的管理、エネルギー効率の向上、企業の取引先や製品のユーザーが排出するサプライチェーンにおけるGHG排出量の推計、グリーン運送ネットワークの構築、森林破壊のモニタリング・分析等があります。

また、AIの社会的な寄与としては、貧困・不平等の排除、清潔な水と消毒、

廉価なクリーンエネルギー、サステナブル・スマートシティ、サーキュラーエコノミーの促進等があります。

　ある調査によると、AIは、SDGsの大半のターゲットにポジティブなインパクトを与えていて、今後のAIテクノロジーの急速な進展がさらにサステナブルな環境、社会、経済の発展に貢献するためには、法規制の一段のサポートが必要であるとしています[7]。

（2）レッドAIとグリーンAI
❶ レッドAI
ⅰ　レッドAIのコンセプト

　気候変動、生物の多様性、大気・水資源、エコシステム等の環境のサステナビリティに対してAIが貢献する期待は一段と高まっています。環境に関わるデータの増大に伴い、それを分析するAIの作業量も幾何学的に増加する状況にあります。

　機械学習やディープラーニングの技術が進展する中で環境に関するデータドリブンモデルが改善されて、サステナビリティへの寄与が高まりをみています。

　AIは、特に非構造データの分析に威力を発揮します。天候に関するデータには、気温、潮位、空気汚染の程度等の伝統的な構造データがありますが、人工衛星のカメラ等のセンサーの多様化・高度化からイメージや音、形状といった非構造データが増加しており、ディープラーニングはこうした大量の非構造データを分析する強力なツールとなります。

　実際のところ、ディープラーニングは、人工衛星が収集した画像から世界中の土地をカバーしたモデルを構築して、森林の状況、水流の変化等を把握して農業や天候、健康の研究に貢献しています。例えば、カリフォルニアでは、葡萄農家が土壌に水分が十分存在するかを人工衛星の画像からAIで測定・分析して、それにより水の過剰・不足を判断のうえ、最適な水分供給を実施しています[8]。

　こうしたケースにみられるように、AIは、環境のサステナビリティに対して多大の貢献をしていますが、AIの特性として大量のサンプルの観察により

トレーニングを重ねて特定のタスクを学習することからコンピュータに大きな負荷がかかり、そのための電力使用に伴うGHGの排出量の増大が問題となります[9]。

すなわち、AIはCO$_2$排出の計測・抑制等、さまざまな分野で活用される反面、AIに使用されるコンピュータの稼働自体によるエネルギーの消費増大、それによる地球環境への負荷にいかに対処するかが重大な課題となっています。

このように、正確性において最先端の結果を追求するため莫大なコンピュータパワーを使うAIを「レッドAI」と呼んでいます[10]。

ii　レッドAIによる環境負荷

MIT Technology Review誌のAI担当編集主任のKaren Hao氏は、「AIは原油を発掘するようにデータを発掘してそれを精製することからよく石油産業にたとえられる。しかし、いまやAI、とりわけ機械学習やディープラーニングは大量のエネルギーを使用することから、AIは石油産業が環境に大きな負のインパクトを与えるのに似ている、とのたとえに代わってきている」と述べています[11]。

【図表1】AIモデルのCO$_2$排出量

Common carbon footprint benchmarks

in lbs of CO2 equivalent

Roundtrip flight b/w NY and SF (1 passenger)	1,984
Human life (avg. 1 year)	11,023
American life (avg. 1 year)	36,156
US car including fuel (avg. 1 lifetime)	126,000
Transformer (213M parameters) w/ neural architecture search	626,155

Chart: MIT Technology Review • Source: Strubell et al. • Created with Datawrapper

（出所）Karen Hao"Training a single AI model can emit as much carbon as five cars in their lifetimes" MIT Technology Review 2019.6.6

　マサチューセッツ大学の研究によれば、AIモデルの大規模トレーニングにより排出されるCO_2は、米国製自動車が生涯排出するCO_2（自動車の製造過程で排出されるCO_2を含む）の5台分に達し、また、サンフランシスコ・ニューヨーク間を飛行機で300回往復する場合の乗客1人当たりのCO_2排出量に相当すると推計しています[12]。

❷ グリーンAI

i　グリーンAIのコンセプト

　グリーンAIは、AIの効率的な使用による環境への負荷を抑制しながらAIに期待されたパフォーマンスを上げる等、環境にフレンドリーでサステナブルなAIを意味します[13]。

　AIでは、例えばNLP（Natural Language Processing、自然言語処理）でみられるようにパフォーマンスを上げるために、パラメータが多い複雑で大規模なAIモデルを構築する傾向がみられます。しかし、AIの認知能力・処理速度を高めようとすると、それだけコンピュータの計算能力を高くする必要があり、より多くの電力を消費することとなります。

　AIは、こうしたAI自体がもたらすエネルギー問題に対処する必要があります。

　たしかにAIモデルが大きくなると正確性は上昇しますが、AIモデルの大きさに必ずしも正確性の上昇が比例するわけではありません[14]。グリーンAIは、コンピュータに大きな負荷をかけることなく期待された結果を生み出すよう、AIのパフォーマンスとエネルギー効率性のバランスを重視したAIです。

　AIに正確性のみならずエネルギー効率性が求められている状況にあって、グリーンAIは、AI自体のサステナビリティの視点からレッドAIに対して大きな優位性を発揮することになります。

ii　グリーンAI実現のためのさまざまなアプローチ

　AIの環境面への負荷という問題を解決するために、グリーンAIの実現に向けたさまざまなアプローチがみられています[15]。

CASE STUDY
👉 モントリオール大学

　モントリオール大学では、機械学習モデルのトレーニングによるCO_2の排出量を推計するツールであるMachine Learning Emissions Calculatorを開発しています[16]。

　このツールは、トレーニングに使うサーバーの地理的場所、使用するエネルギーの種類、トレーニングに費やす時間等、CO_2の排出量に与えるさまざまな要素に次のようなCO_2の排出量を抑制する施策を勘案して算出するフレームワークとなっています。

❶ AI アルゴリズムの改良

　より少ない学習量で必要なパフォーマンスを実現することを目的としてAIアルゴリズムを改良することにより、処理に必要なリソースを削減し、エネルギー効率性を高めるアプローチです。

❷ AI チップの使用

　汎用品のCPUを使用する代わりに、ディープラーニングのアプリ用に特別設計されたAIチップ（アクセラレータチップ）を使用することによりエネルギー効率性を高めるアプローチです。カスタムメードされたAIチップは、多数の単純・並列の演算処理を高速に実行する特性を持ちます。

❸ 再生エネの活用等

　データセンターが使用する電力に再生エネを活用するアプローチです。パブリッククラウドのデータセンターの多くは、再生エネで稼働する方向に進んでいますが、AIによる処理にパブリッククラウド提供のデータセンターを活用するアプローチも増加しています。

　例えば、マイクロソフトのAzure GreenAI Carbon-Intensity API は、時間的・場所的に最も環境に優しいデータセンターを選択する機能を提供しています。

👍 **NTTソフトウェアイノベーションセンター**

　NTTソフトウェアイノベーションセンター（SIC）では、AIの能力向上と合わせて消費電力を飛躍的に低減させるために、イベントが起きた際にのみAI処理を行うイベント駆動型推論の開発に取り組んでいます[17]。

　これは、低消費電力でAI推論が可能なエッジデバイスによる軽量モデルで大部分の処理を行い、一部の処理のみをクラウド上の高精度モデルで行うという役割分担によって精度の低下なく計算量・データ転送量を削減し、全体で省電力化と高収容化に繋げることを狙った研究開発です。

⑤ AIによるサステナビリティ向上戦略

　AIは、SDGsの大半のターゲットにポジティブなインパクトを与えていて、今後、AIテクノロジーの急速な進展がさらにサステナブルな環境、社会、経済の発展に貢献することが見込まれます[18]。

　そうした中にあって、AIは、特に環境サステナビリティの分野でさまざまな形でその向上に寄与しています。

（1）気候変動と環境変化

　人工衛星等が収集した画像から、AIを使って気象予報、森林火災や洪水、旱魃等をモニター・分析したり、気候変動モデルを構築することができます。

CASE STUDY
👍 **GeoAI**

　GeoAI（Geospatial artificial intelligence、地理空間人工知能）は、地理空間情報と地理情報システムに人工知能を融合することにより構築された最先端のテクノロジーです[19]。

　地理空間情報は、空間上の特定の地点や区域の位置を示す情報（位置情報）とそれに関連付けられたさまざまな事象に関する情報で、地域における自然、災害、社会経済活動等、特定のテーマについての状況を表現する土地利用図、地質図、ハザードマップ、都市計画図、地形図、空中写真、衛星画像等の情

報があります[20]。

　また、地理情報システム（GIS、Geographic Information System）は、地理的位置を手がかりに、位置に関する情報を持ったデータ（空間データ）を総合的に管理・加工し、視覚的に表示し、高度な分析や迅速な判断を可能にする技術です。

　そして、GeoAIは、人工衛星、飛行機、ドローン等、さまざまなセンサーから収集した地理空間データ（geospatial data）画像の分析技術とAI、機械学習、ディープラーニング、ニューラルネットワークが融合したテクノロジーで、ビッグデータから必要な情報を抽出して、さまざまな分野に活用されます。

　GeoAIと高度な画像分析は、例えば次のような目的で活用することができます[21]。

❶ 地表の全体像の正確な把握
　地表の傾斜角、傾斜方向、陰影起伏、曲率等を把握することができます。

❷ 地表の水流のモデリング
　地域計画、農業、林業等、多くの分野において、エリアにおける水の流れやその影響を把握することができます。

❸ 距離・近接解析
　距離および近接解析によって、例えば自然災害による影響を受ける家屋数とか、目的地AからBまでの最適パスを把握することができます。

❹ 最適場所の解析
　適合性解析は、住宅地開発用地の決定、生息域の特定、乾期における防火地域の検出等、複数の条件を評価する必要があるさまざまな問題を解決することができます。

👍 IBMの気象予測

IBM は、気象予測システム、GRAF（IBM Global High-Resolution Atmospheric Forecasting System）を構築しています[22]。

IBM GRAFは、飛行機に付けられたセンサーや（スマホ所有者の同意を得たうえで）スマホからのデータを収集、分析します。GRAFで採用されているスパコンのPOWER9は、ゲームアプリで使われているGPUs（Graphics Processing Units、画面表示と処理に特化した演算装置）を具備したサーバーを走らせる画期的なシステムです。

気候変動により大規模の自然災害が発生する頻度が多くなっている状況下、正確で信頼のおける情報にアクセスできることが極めて重要になっています。

IBMでは、POWER9を活用して、天候モデルを毎時3kmの解像度でアップデートした鮮明な画像にして提供しています。これまでは6～12時間毎に12～15kmの区分での天気予測でしたが、このスパコンにより、従来、詳細な気象を把握できなかったような地域を含む全世界の気象状況を毎時間、把握することが可能となっています。

IBM傘下の The Weather Company は、機械学習アルゴリズムを使ってGRAFが提供する天気データを分析して、世界の100以上の地域の気象予報を提供しています。また、GRAF のデータはIBMのアプリから入手可能で、GRAFの予測とAI、クラウド、アナリティクス等のテクノロジーを組み合わせることにより、企業等が意思決定をする際のサポート材料にすることができます。

GRAFの活用としては、例えば次のようなケースが挙げられます。
①パイロットに航路の天候を知らせて乱気流を回避する。
②竜巻を予知して警報を発する。
③農家が収穫を増やすための最適な肥料を把握できる。
④再生エネ企業がプラントの稼働を最適化するタイミングを把握できる。

（2）エネルギー

エネルギー産業では、AIが持つ分類や識別する能力とか特徴量を抽出する能力を活用して、電力需要の予測、エネルギーマネジメントの効率化、エネ

ルギー関連機器の異常検知、住宅の電力使用の最適化等が行われています。

さらに、AIは電気を大量に使用するデータセンターのエネルギー効率の向上に威力を発揮しています。

CASE STUDY
電力需要の予測

電力需要の予測は、発電所が運転計画を策定するうえで不可欠で、需要予測の精度が高ければ発電所の待機運転を減らして、発電コストや環境への負荷を抑制することが可能となります[23]。

特に、供給面では再生エネ電源が増加している状況や、需要面では気候不順による電力需要の急増や電気自動車の普及による充電ニーズの増加等が予想される状況にあって、電力需要量の予測精度の向上がこれまで以上に重要となります。

東芝グループでは、電力需要量や再生エネ発電量の各予測に最新のAIを活用して精度を高める技術を開発しています。

電力需要量や再生エネ発電量等の予測は機械学習の適用分野になります。例えば、電力需要量は時間帯、曜日等のカレンダー条件と気温や日射強度等の気象条件から、また、太陽光、風力の再生エネ発電量は発電所周辺の日射量や風速といった気象条件から推定できます。

そして、機械学習では、これらの数値と気象条件の定量的な関係をデータから学習して、学習済みの関係と気象機関から取得した気象予測データを組み合わせて電力需要量を予測します。

これまでの電力需要予測手法では、需要量に強く影響する地点と気象量を人が手動で選んで機械学習を適用することが一般的となっています。一方、東芝グループの電力需要予測は，高解像度の気温や湿度、日射強度、風速等のメッシュ気象予測データをAIへ入力して予測に有効な地点や気象要素をAIが自動で選択する手法をとっており、これにより従来手法に比べて予測精度が格段に向上した、としています。

👉 エネルギーマネジメントの効率化

　アイ・グリッド・ソリューションズは、エネルギーマネジメントソリューション、オンサイトソーラー（自家消費型太陽光発電）、電力小売、需給調整技術等を手掛ける日本のスタートアップです。

　同社では、AIを搭載したエネルギーマネジメントシステムのエナッジによる電力使用量予測と、エナッジを活用した省エネ行動促進、事業所毎の環境に合わせた空調自動制御で電力使用量の削減を実現しています。

　エナッジは、電力ビッグデータをベースにAIがその日の電力使用量を予測して各事業所に合わせた省エネ行動をアドバイスするエネルギーマネジメントシステムです。また、事業所間の相対比較により事業所個別の問題を発見することも可能で、AIによる予測・学習で進化を続け、より効果の高いエネルギーマネジメントを実現しています。

　アイ・グリッド・ソリューションズでは、さらにAIで電力需要を予測するエナッジと空調自動制御システムを連携させて、事業所の環境に合わせて空調設備を制御するエナッジAiRシステムも開発しています。

【図表2】エナッジとエナッジAiRの概念図

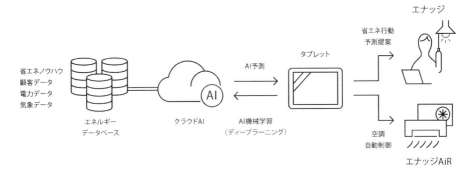

（出所）アイ・グリッド・ソリューションズ
「AI搭載エネマネシステムで電力使用量をスマートに管理・削減」

👉 再エネ機器の異常検知等

AIプログラムの開発等をビジネスとするGeek Guild（日）は、AIによる太陽光発電の異常検知サイトを提供しています。これは、京都府内の太陽光発電所の標準的な発電量を正常値として、それと自己の発電量とを比較することにより異常を検知する仕組みです。

京都の太陽光発電所がこのサイトを利用して保守点検することは無料で、Geek Guildでは、多くのユーザーがこのサイトを使用すればするほどAIが学習して精度が向上し、使いやすさがアップするとしています。

また、SparkCognition（米）は、AIソリューションの提供により企業のサステナブル経営をサポートするスタートアップです。同社では、クラウドベースのSaaSプラットフォームのSparkCognition Renewable Suiteを構築、提

【図表3】SparkCognition Renewable Suiteの概念図

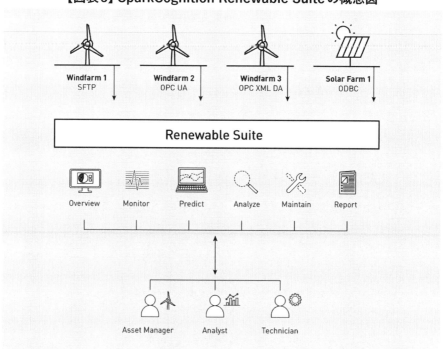

（出所）SparkCognition "The Renewable Suite：Leading Clean Energy Asset Performance Management Platform"

供しています（図表3）。これにより、太陽光・風力・水力発電を行う再生エネ事業者は、再生エネの生産効率性向上、再生エネの蓄電、再生エネ機器のメンテコストの低減、再生エネ機器の円滑な運転のためのモニタリングとデータ収集等の包括的なサービスを享受することが可能です。

　具体的には、AIと機械学習を具備したSaaSプラットフォームを通じて、再生エネ事業者は、再生エネ機器のメンテの必要なタイミングの警告による故障の防止、再生エネ機器の稼働不調の早期発見による修理コストの軽減、再生機器からのデータの分析による先行きの再生エネビジネスの最適なマネジメントのガイダンス等を受けることができます。

👍 ビルの空調の適正化

　AIの活用により、ビル内の空調の最適化を実現、電力の効率的使用を促進することができます。

　NTTとJR東日本等は、AIによる空調制御により省エネと快適環境の両立を実現するシステムを開発しました[24]。

　一般的に、商業ビルやオフィスビル等の大規模ビルにおける通路やロビー、ラウンジ等の共用部の空調制御は、センサーからの信号に基づく制御や、ビル管理者の経験に基づいた制御が行われています。しかし、空調の制御がビル内環境に影響を及ぼすまでのタイムラグを把握するためには温湿度や人流といったデータを長期間に亘り収集、分析する必要があるため、こうした制御方法では消費エネルギーを抑えつつ来館者や入居テナントに快適な環境を実現することは困難でした。

　そこで、NTTグループとJR東日本グループは、ビルの魅力向上と消費エネルギー最適化の双方の実現に向けて空調機の運転最適化を共同で研究、実証実験を通じて実用化を目指しています。

　この実験で採用された技術は、来館者の数、外気温、空調運転状況、室内の温湿度を用いて、機械学習技術とコンピュータ流体力学を組み合わせることで短期間での計測（従来2ヶ月以上→最短3日間）による少量データからの快適性予測を実現している点と、ディープラーニングにより空調が室内環境に影響を及ぼすまでのタイムラグを考慮した制御を行う点が大きな特徴とな

っています。

👍 住宅の電力使用の最適化

　三菱電機は、同社のAI技術であるMaisart（Mitsubishi Electric's AI creates the State-of-the-ART in technology、マイサート）を使って東北電力との共同研究により、新たな計測器を取り付けることなくスマートメーターで計測した住宅全体の電力使用量から、家電毎の電力使用量を高精度で推定する技術を開発しています[25]。

　スマートメーターは住宅全体の電力使用量を測定する一方、AIによる家電毎の電気の使い方見える化技術により、家庭での省エネ意識が向上して、環境負荷が低減することが期待されます。

　家電毎の電力使用量の推定方法は、事前にモニター住宅で計測した住宅全体や家電毎の電力使用量、家族構成や保有家電等の属性情報をもとにして、AIが3段階のクラスタリング（図表4）を実施、家電毎の電力使用量の特徴が類似する住宅をグループ化することで、典型パターンを作成します。AIが最も類似する典型パターンを自動選択することから、実績値との誤差を抑えた高精度の推定が可能になります。

【図表4】AIによる家電毎の電力使用量の特徴を示す典型パターンの作成

ステップ	典型パターンの作成内容
1段階目	1日当たりの家電毎の電力使用量を左右する属性情報を抽出。例えば、1日当たりの電力使用量のうちエアコンの割合が多いグループの特徴（住宅全体の1日の電力使用量、床面積、築年数）等
2段階目	1段階目でグループ化した結果を、さらに朝と夕方に電気を多く使うグループ、深夜に電気を多く使うグループをスマートメーターの計量値の類似度で分類
3段階目	2段階目でグループ化した結果を、朝と夕方にエアコンを多く使うグループの中でも、時間帯によらずエアコンを使うグループ、夜だけエアコンを使うグループを、1時間単位で家電毎の電力使用量の類似度でさらに分類

（出所）三菱電機「家電毎の電気の使い方見える化技術を開発」2019.1.29

❻ データセンター

データセンターでは、大量のサーバー群が稼働して、膨大な量のエネルギーが消費されます。このため、データセンターの効率化は、環境面から極めて重要な課題となります[26]。

データセンターのエネルギー効率の指標であるPUE（Power Usage Effectiveness）は、冷却装置、冷却塔、給水ポンプ、熱交換器等、多様な装置の稼働状況によって左右されます。

Googleはデータセンターの建設当初からエネルギーの効率性向上に注力しており、エネルギー消費をできるだけ抑えるようにサーバーを設計するとか、機械式冷却装置の代わりに効率性の高い気化冷却や外気を使用する、高性能な温度照明制御システムを備えエネルギー損失を最小限に抑える等、さまざまな対応策を実施しました。この結果、Googleのデータセンターのエネルギー消費量は業界平均の50%まで下がりました。

Googleでは、さらに運用効率を高めるために、翻訳や画像認識の機能向上に活用されている機械学習をデータセンターのエネルギー効率に活用しています。この結果、冷却に使用されるエネルギーが40%、PUEが15%削減される成果を上げています。

（3）農業

農業分野においてAIは、農地の土壌を分析するとか、作物の生育環境をモニターする、肥料や水を過不足なく与えて適切に管理する、果実の収穫時期を選別して収穫する等、さまざまな活用がされています。

CASE STUDY
👉 AIによる土壌分析

Trace Genomicsは、ゲノム解析と機械学習を活用して農地の土壌を分析する米国のスタートアップです。

健康な土壌は、地球の繁栄の礎になります。土壌をよく理解して土壌の健康を改善することは農業の進歩に繋がり、また気候変動への大きなソリューションとなり、環境のみならず経済全体に大きな利益をもたらします。

　Trace Genomicsは、土壌管理と農作物生産の専門家である農学者と農業生産者と共に、土壌を改善すると同時に農業の生産性と健全性を向上させることをパーパスとしています。

　土壌にあるマイクロバイオーム（microbiome、細菌叢に含まれる遺伝子物質）は、作物の植え付けとその後の管理にとってキーとなる要素です。Trace Genomicsは、土壌の栄養循環機能を担う微生物や、土壌に含まれる病原体、土壌の化学作用を計測、分析します。

　また、Trace Genomicsは、これまでの農地の使用方法がいかに土壌を傷つけ、環境を悪化させてきたかのデータを収集しています。そして、Trace Genomicsのプラットフォームは、農地の生産性や病原体リスク、土壌の健康についての分析結果をユーザーに提供しています。

　したがって、ユーザーは、土壌の感触からその状態を推測するのではなく、Trace Genomicsによるデータドリブン、エビデンスベースのケミカルバイオロジーの分析結果により、土壌の状態を正確に把握することができます。

　このように、Trace Genomicsが提供するデータにより、ユーザーは土壌に含まれる病原体を把握、計測することができ、農作物が病害に襲われるリスクに対して適切な対策をとることができます。

．．

コラム　🌲　農耕地の炭素貯留機能、土壌炭素貯留量地図

①農耕地の炭素貯留機能

　土壌は、地球の陸地表面から約1mの深さで、鉱物、有機物、生物、水、空気等から構成されています。そして、有機物として貯留された炭素である土壌の有機炭素は、海洋に次いで地球上で2番目に大きく、大気中の約2倍、森林など植物バイオマスの約3倍となっています。このように、土壌には炭素貯留機能があり、土壌の炭素量を増やすことで、地球の温暖化の緩和に資することになります[27]。

　そして、土壌の炭素量を増やすには、作物残渣や堆肥等の有機物を農耕地に漉き込むとか不耕起栽培を行う等の農法を取り入れる方法があります。

実際にも、京都議定書において各国が選択可能な CO_2 の吸収源活動として、炭素の貯留を高める農地管理が位置付けられています。また、農林水産省は、環境に配慮した生産を後押しするために環境保全型農業直接支払制度を実施、環境保全型農業の効果の一つとして土壌の炭素貯留による温暖化緩和効果が期待されています。

このように、農法の工夫により土壌中の炭素量が増えれば、大気への CO_2 排出の削減に繋がりますが、農法と CO_2 排出削減効果との関係は複雑であり、また、効果は場所により異なり、圃場での実証研究には多くの時間と労力を要することになります。

そこで、農研機構では、農法と土壌炭素量との関係をモデル化して、web上の簡単な操作で土壌の炭素貯留効果を計算できる「土壌の CO_2 吸収「見える化」サイト」を開発、ユーザーに提供しています[28]。

この土壌の CO_2 吸収「見える化」サイトでは、地図上で場所を選択して、作物と有機物管理法をメニューから選択することにより、土壌炭素量の変化を20年間計算し、メタンと一酸化二窒素、化石燃料由来の CO_2 排出も合わせた GHG 排出の総合評価結果を表示することができます。

②土壌炭素貯留量地図

森林土壌は CO_2 の重要な吸収源です。気候変動影響の予測や緩和策の計画には、どこにどの程度の炭素が土壌に貯留しているかを正確に把握する必要があります。しかし、日本の森林は山地に分布していて、地形や地質、水分環境が複雑なことから土壌炭素貯留量を詳細に推定することは困難でした。

そこで、森林総合研究所では、AI を活用したデジタル土壌マッピング技術（地形・気象・植生の関係性から土壌の特性を推定する技術）をベースとして、日本の土壌炭素貯留量を大きく左右するテフラ（火山灰）や微地形の分布を考慮した推定手法を開発しました[29]。

森林総合研究所では、これにより、これまでの手法と比較して精度が20％向上し、より誤差が少なく信頼性の高い地図を作成でき、また、1km から10m への高空間解像度化により、特に山間部における地図の実用性が向上したとしています。

　この土壌炭素貯留量の地図は、気候変動モデルの基盤情報として活用され、その結果は地球規模や国家スケールの吸収源対策等、気候変動対策の立案に役立ち、また、土壌炭素貯留量を林班といった森林管理の単位や、さらに細かく一つの斜面内の変動を把握できることから、炭素貯留に配慮した森林施業の選択が現場レベルで可能になる、といった特徴があります。。

....

👉 AIロボットによる除草剤散布

　一般に、除草剤の散布は農地全体に対して行われていますが、環境や人体への負荷があり環境保護団体から強い批判を浴びています。そこで、除草剤の一括散布ではなく、雑草にだけ除草剤を精密噴射するロボットが開発されています。これにより広範囲の除草剤散布が回避されて環境面だけではなく、コスト面でもメリットが期待できます。

　Blue River Technology（米）は、コンピュータビジョンとロボット工学による農業用マシンの開発を専門とするスタートアップです。なお、同社は2017年に農業、建設用機械の大手メーカー、John Deere（米）の傘下に入っています。

　Blue River Technologyは、精密農業と呼ばれる手法で農地の農作物と雑草を見分けて、雑草にだけ除草剤を散布するロボット、See & Sprayを開発しました。

　上述のとおり、伝統的な手法では、農薬は農地または作物全体に散布されています。

　しかし、See & Sprayは、高度なコンピュータビジョンセンサーとディープラーニングにより、農地に生育する作物を正確に検出して、雑草にのみ除草剤を噴射、この結果、除草剤の量を90%削減してコスト削減に寄与しています。

　具体的には、See & Sprayは、5年を超える期間に亘って何十万エーカーの農地の作物と雑草の何百万に上る画像を収集して、ディープラーニングをベースとするソフトウエアによりその識別を可能にする技術を開発し、雑草だけにピンポイントで除草剤を自動散布するロボットを製造、販売しています。

See & Sprayは、米国のレタスやコットン農家に導入されており、Blue River Technologyでは先行き、他の作物にも幅広く対象にできる機種の開発を計画しています。

また、ecoRobotix（スイス）は、AI、カメラ、アームを駆使して農地で雑草だけに除草剤を散布するロボットを開発しています。これにより、除草剤の散布は、20分の1に節約できるとしています。この除草ロボットは、太陽光で12時間、稼働が可能です。

👉 AIロボットによるイチゴ収穫

イチゴはスーパーフードの一つと言われるように栄養価満点の果物です。しかし、米国の農業分野における労働力不足の状況にあって、手摘みのかたちでイチゴを収穫する農家は深刻な問題を抱えており、熟したイチゴの20～25％が労働力不足のために適切なタイミングで収穫できず、結局、腐敗・廃棄されている実情にあります。

こうした問題に対応するため、Harvest CROO Roboticsは、移動しながら熟したイチゴを識別して優しく切り取り、最終工程のパッケージまで行うことができるAIロボット、Harvesterを開発しました[30]。

リモートコントロールで操作されるHarvesterは、360°3次元で農地の敷衍が可能なことから、日夜を問わずスムーズに作業ができます。Harvesterには、16の独立したロボットが組み込まれており、各ロボットにはイチゴの摘み取り用の6つの手が付いています。

そして、AIと機械学習が組み込まれたビジョンシステムを持つロボットが枝についたイチゴを1つずつスキャンしてそれが熟して収穫するに適しているかを判断します。そのうえでHarvesterは、収穫期にあるイチゴだけを傷つけないように丁寧に切り取りパッケージまでの作業を行います。

また、Harvest CROOのソフトウエアは、イチゴ生育プロセスで収集したさまざまなデータを農業従事者に提供して、今後のイチゴ栽培のスケジュール等の運営に資するようサポートします。

Harvest CROOによれば、Harvesterにより従来の手作業に比べると廃棄量の減少等を含めて総合的にみてCO_2の排出量は92％削減されるとしています。

Harvest CROOでは、今後、Harvesterをイチゴ以外の果実にも適応することを計画しています。

（4）生物多様性

AIにより生物の繁殖状況の把握や、外来種の侵入を見出す等、生物多様化の状況を観察・分析することができます。

また、大量のデータを組み込みAIにより分析したソフトウエアを使って、密猟が行われている可能性のあるルートを特定することにより、パトロール隊員をサポートします。

AIは、人手では収集不可能な海洋データを収集して、海洋生物を保護したり、重油流出による海洋汚染を発見、さらにはサステナブルな水資源の管理をサポートします。

CASE STUDY
👍 マングローブ
❶ マングローブの環境保全機能

マングローブは、熱帯・亜熱帯の干潟に生育する植物の総称です。
マングローブは、いくつかの環境保全機能を持っています[31]。

i　CO₂吸収機能

アマゾンの熱帯雨林は、大量のCO_2を吸収することから「地球の肺」と呼ばれていますが、マングローブ林はCO_2の吸収量でアマゾンの熱帯雨林を凌駕しています。

マングローブ林や海草藻場、海藻藻場、湿地等の海洋生態系により貯留されるCO_2をブルーカーボン、CO_2吸収機能を持つ海洋生態系をブルーカーボン生態系と呼んでいます（ブルーカーボンについては下記コラム参照）。

ii　生物多様性保全機能

マングローブは、生物の多様性に富んだ生態系を作り出しています。
マングローブ林が海水に満たされる満潮時になると、入り組んだ根の間に

多くの小魚が捕食者の大きな魚から隠れて動物プランクトンを食べ、貝類、蟹、ヤドカリがマングローブの根や幹に生えている藻類を食べて生息しています。

また、干潮になると、干潟ではマングローブの落ち葉を食べたり干潟を跳ね回る生物やそれを捕食する鳥類が集まってきます。

このようにマングローブ林は豊かな生態系を形成することから「海の命のゆりかご」と言われています。

ⅲ 防波堤機能

マングローブは海と陸の間にあり、津波や高波を減衰させたり海岸浸食を防ぐ機能を持っています。

スマトラ沖地震で発生した津波調査では、多くの人々がマングローブ林により被災から逃れることができたとしており、これをきっかけとしてインドネシアやマレーシア、スリランカでは海岸にマングローブを植える取り組みが本格化しています。

❷ グローバルマングローブトラスト

マングローブ林は無秩序な開発によって年間で約1%という速さで減少しており、それは世界の森林消失の3倍〜5倍もの速さに相当します。

シンガポールを拠点とするグローバルマングローブトラストは、できるだけ多くのマングローブをできるだけ迅速に植樹することを目的とするNPOで、環境保護アクティビストやイノベーター、教師で構成され、環境意識の高い個人や団体の寄付により運営されています。

グローバルマングローブトラストは、森林の繁殖の程度をAIでモニターして、その状況次第で、商品への交換が可能なTreeCoinを報酬として寄付した主体に対して供与します[32]。

グローバルマングローブトラストは、IT企業と協働で、AIの活用により遠隔から森林の繁殖データを収集することができる手法を開発しています。こうしたデータは、最先端の人工衛星から、種苗者が植樹し、樹林が年を追うごとに生育する状況を送信してくることにより把握できます。

これにより、リアルタイムで、迅速、正確、透明性を持って森林の状況を

把握でき、また、機械学習によって時間の経過とともにより正確なデータの収集・分析が期待できます。

　グローバルマングローブトラストは、シンガポールのDBS銀行のサポートで、こうしたAIを活用した手法によりオープンソースプラットフォームのGROVEを開発しています。

　GROVEは、ブロックチェーンと人工衛星をリンクさせることにより、樹林の生育状況を評価して、スポンサーに対してマングローブの状況を効率的に、また透明性を持って伝達します。このように、GROVEにより業者やコンサルタント、管理機関を介することなく、効率的で透明性の高いデータをスポンサーに届けることが可能となります。

　すなわち、ブロックチェーンを活用することにより、グローバルマングローブトラストに寄付した人々は、オープンな分散型台帳で、自分の寄付がどれだけ植樹に使われているか、また、自分の寄付がどれだけ長期に亘る樹林の生育に貢献しているかのデータを自分のパソコンで把握することができます。

　GROVEは、ブロックチェーンを通じて植樹状況を確認して、デジタルコインのGRO-Coinを各スポンサーに配布します。GRO-Coinは、マングローブと、それが持つカーボンの貯蓄、酸素の生成、土地や海洋の回復等の自然資本を表彰するものです。

　こうしたGRO-Coinは、売買とか商品の購入に充てることができ、グローバルマングローブトラストでは、先行きはオンラインゲームでも使えることにする予定であるとしています。

コラム ブルーカーボン

　陸上生物により貯留される CO_2 をグリーンカーボン、海洋生物により貯留される CO_2 をブルーカーボンといいます。

　従来、グリーンカーボンとブルーカーボンの区別はなく、両者ともグリーンカーボンと呼んでいましたが、海洋の CO_2 吸収源のポテンシャルに期待が高まり、国連環境計画（UNEP）が2009年の報告書において藻場・浅場等の海洋生態系に取り込まれた炭素にブルーカーボンという言葉を初めて使い、CO_2 吸収源対策の新しい選択肢として提示しました。

　ブルーカーボン生態系の CO_2 吸収・貯留効率は、グリーンカーボン生態系と比較してはるかに高く、また、CO_2 貯留期間もブルーカーボン生態系の方が長い、との研究結果が示されています[33]。

　すなわち、グリーンカーボンは大気に放出されやすい環境にある反面、ブルーカーボンは水に覆われているため、長く貯留される環境にあります。

　このようにブルーカーボン生態系は、CO_2 の吸収・貯留に高い効率性を発揮しますが、地球上をブルーカーボン生態系が占めるスペースはグリーンカーボン生態系のそれに比べるとはるかに小さい状況にあります。

　こうしたことから、沿岸の浅瀬にある海草藻場、海藻藻場、干潟、マングローブ林で構成されるブルーカーボン生態系をいかに保護・拡充していくかが地球の温暖化防止の観点から極めて重要となります。

　日本では、2021年10月に閣議決定された地球温暖化対策計画において「ブルーカーボンによる温室効果ガスの吸収・固定量の算定方法は一部を除き確定していないことから、これらの算定方法を確立し、温室効果ガス排出・吸収目録（インベントリ）のための IPCC ガイドラインに追記できるよう研究を進めるとともに、効果的な藻場・干潟の保全・創造対策、回復等を推進する」としています。

　そして、国土交通省では、ブルーカーボンを吸収源として活用していくための具体的な検討を行うことを目的に、地球温暖化防止に貢献するブルーカーボンの役割に関する検討会においてブルーカーボンを活用した港湾・沿

岸域における環境価値の創出に関する検討を進めています。

　また、農林水産研究推進事業委託プロジェクト研究では、日本の海草藻場、海藻藻場の炭素固定方法論に関係する方法論開発、パラメータ開発、データ整備、具体的な緩和策の検討を実施、環境省では、温室効果ガス排出量算定方法検討会森林等の吸収源分科会において、国際的に日本の温室効果ガスの排出量・吸収量報告に組み込まれるために必要な具体的な課題の整理を関係省庁と連携して実施しています[34]。

👍 ザトウクジラ

　ザトウクジラは、鳴き声を出して仲間と連絡を取ります。ザトウクジラの多くは、人間の目でどこにいるか特定することは困難ですが、ザトウクジラが発する鳴き声は水中で遠くまで届きます。

　長期間に亘りザトウクジラの動向と頭数をモニターすることを目的に、科学者はザトウクジラの鳴き声を録音するために水中にマイクロフォンを設置しています。こうした方法は、パッシブ音響モニタリング（passive acoustic monitoring）と呼ばれ、最近の技術進歩により、超長期間に亘り広範囲の海洋で録音することが可能となっています。

　この結果、収集されるデータは膨大なものとなり、科学者は自分自身でそれを解析する時間的余裕がありません。

　そこで、ディープラーニングを活用することにより、広範囲な海洋で活発に移動するザトウクジラの鳴き声の膨大なパッシブ音響データセットを解析するケースがみられます。

　NOAA（National Oceanic and Atmospheric Administration、米国海洋大気庁）はGoogleとの協働で、畳み込みニューラルネットワークを活用して、北太平洋に13か所のモニタリングサイトを設置、14年間に亘ってザトウクジラの鳴き声のパッシブ音響データを収集しました[35]。

　ここで、畳み込みニューラルネットワーク（Convolutional Neural Network、CNN）とは、ディープラーニングのアルゴリズムの1つで、ニューラルネットワークの構造が多層となっており、画像データや音声データの特徴を強調

して処理することにより画像認識や音声認識の高性能化を実現する仕組みです。

　NOAAとGoogleでは、ディープラーニングの活用により、長期間のデータセットの解析を効率的に行うことができ、ザトウクジラの移動状況や繁殖構造についての総合的な研究成果を挙げることに繋がったとしています。

（5）海洋汚染の防止

　海上におけるオイルタンカーの事故やオイルタンカーの不法洗浄から生じる重油流出による海洋汚染は、深刻な環境問題になっています。

　この海洋汚染はその原因は何であれ、とにかく重油流出があったら一刻も早く対応措置を講じることがポイントとなります。

CASE STUDY

👍 Oil Spill SAR detector

　海洋汚染の発見にはSAR（Synthetic Aperture Radar、合成開口レーダー）が取得する画像が有効で、これまでもSARから収集されたいくつかの画像を専門家がみて、それが確かに重油流出によるものかどうかを判定してきました。

　しかし、SARの画像には、look-alikesと呼ばれる重油流出に似た潮流や湧昇域（upwelling zone）、気象の前線、プランクトン等が混在していることから、その中で重油流出によることを判定するには、専門家による多くの時間と労力を要することが問題でした。

　そこで、ギリシャの大学研究室員チームがAIのファジー論理を活用して人手を介することなく全自動でSARの画像から重油の流出を判別することができるソフトウエア、Oil Spill SAR detectorを開発しました[36]。

　ユーザーは、windowsでこのソフトウエアを活用することができます。

コラム 🌲 SAR

レーダーは、アンテナから発射された電波が対象物に当たって反射された電波を観測します。対象物の大きさや表面の性質は反射された電波の強さから、また、対象物までの距離は電波が戻るまでの時間で判別します。

レーダーのアンテナは、それが長いほど分解能力は高まりますが、レーダーを取り付ける人工衛星や飛行機が搭載可能なアンテナには自ずから限度があります。そうした課題を解決するために開発されたレーダーが合成開口レーダー（Synthetic aperture radar、SAR、サー）です[37]。ここで、開口とはアンテナの長さをいいます。

SAR は、文字通り人工的に開口を合成するレーダーです。すなわち、SAR には、人工衛星や飛行機が飛行しながら電波（マイクロ波）を照射して、実際の開口が小さなアンテナでも衛星や飛行機が移動する軌道（flight path）の複数地点で計測した情報を統合することにより一つの大きなレーダーのように仮想的に合成する技術が組み込まれており、広大なエリアの観測と分解能力を高めることができます[38]。

SAR は、自ら電波を照射して反射情報から地表面を観測する能動的なリモートセンシング技術を採用していて、太陽光の状態に左右される受動的な光学センサー（optical sensor）と違って、雲が多い天候不良時や夜間においても地盤や構造物の微細な情報を取得できるという特性があります。

こうした SAR が持つ特性により自然災害発生時における被害状況やインフラ施設の老朽化等の把握に威力を発揮しています。

例えば、SAR は、森林の不法伐採のモニタリングや森林火災による被害、台風や豪雨等で大災害が発生した後のインフラの被害状況の把握に利用されています。

SAR には、衛星搭載型と航空機搭載型がありますが、あらかじめ発生時期の予想が困難な天災等は、人工衛星では周回軌道の制約があることから航空機搭載型が活用されています。

また、地盤沈下・隆起の状況把握には、干渉 SAR が活用されます。干渉

SARでは、異常がない平常時に観測した電波と地盤沈下・隆起後に観測した電波では、電波がずれることから、そのずれを基に地盤沈下・隆起の有無やその程度を数センチ単位で把握することができます。

　日本のSAR衛星は、JAXAが開発・運用しているだいちの後継機であるだいち2号（ALOS-2）のほか、経済産業省の助成事業としてNECが開発・運用しているASNARO-2があります。

　前述のとおり、SARは、光学センサーと異なり、悪天候時や夜間でも広域観測が可能である特性を持っていますが、直観的に判別が可能な光学画像に比べてSAR画像は判読が難しく、高度の知識や経験が必要となり広範囲の判読を行う場合には多くの人員と時間を要するという難点があります。

（6）海運業界とGHG

　世界的にみて、海運業界が排出するGHGは全業界の7番目の規模で、その排出量は韓国一国分の排出量に匹敵しています[39]。

　脱炭素化の推進がグローバルに拡大する状況下、海運業界ではGHG排出削減に向けてさまざまなイノベーションが生まれています。

CASE STUDY

👉 Nautilus Labs

　シンガポールを拠点とするNautilus Labsは、世界の海運業者に対してGHG排出に関するデータを提供するプラットフォームを構築、AIと機械学習を活用して海運業界のGHG排出量の削減を指向する企業です。

　船舶のオペレーターは航海中、Nautilus Labsによる船舶運航プラットフォームを活用して、どのような進路と速度で船を運行することが最も効率的かをAIソフトウエアを使って知ることができます。

　船舶は、たとえ同じ年に同じパターンで製造されても船舶毎のパフォーマンスは異なります。Nautilus Labsは、各船舶から発出されるデータを高頻度で収集して、機械学習により海流、天候等が各船舶の航海に与える影響を分析したり、船舶のメインテナンスに関するスケジュールを提供します。

👉 DeepSea

ギリシャを拠点とする DeepSea Technologies は、AI、機械学習を活用したプラットフォームで、船舶のサステナブルな航行をサポートするスタートアップです。AI モデルにより、いかなる天候状況のもとでも、船舶をベストの航行パフォーマンスに導き、これによる CO_2 排出量の削減効果を算出します。

DeepSea は、各船舶について航行における船舶のエンジン、ボイラー、その他機器別の CO_2 排出量をはじめとする各種データを毎日収集し、本部に通知します。

これにより、本部では、各船舶の運航パフォーマンスを正確に把握することが可能となります。

また、本部で、風力、風向、海流、船舶の航行スピード等をリアルタイムで把握することができます。

👉 Stena Line

世界最大級のフェリー運航会社の Stena Line（スェーデン）は、Stena Fuel Pilot を立ち上げて、AI テクノロジーにより燃費の節約と CO_2 の排出量削減を推進しています[40]。

Stena Fuel Pilot では、AI と航海テクノロジー、潮流、波浪、深度、風速等のデータ、船舶の特徴、航海スケジュールを組み合わせて、最適の航行を導出します。

Stena Line では、こうした施策により燃料の2～5％節減と CO_2 排出量の大幅削減が実現したとしています。

次に Stena Line が手掛けたのは、トリム（trim、船首喫水と船尾喫水の差、船舶の前後方向の傾き）の最適化です。船舶の運航効率化は、速度とドラフト（draft、喫水、船体の水面下に沈んでいる深さ）、それにトリムが重要な要素となります。

各々の航海に際してトリムを最適化するとの海運業界で画期的なプロジェクトは、AI の機械学習テクノロジーと熟練したソフトウエアディベロッパー、データサイエンティスト、それにフェリーの船長と船員のコラボで強力に推進され、その結果、目指すトリム最適化が実現しました。

これまで、海運業界は、他業界に比べてAIと機械学習の活用が遅れていましたが、Stena Lineでは、AIテクノロジーを燃費の向上のみならず、最適航路の決定、さらには積載量の最適化等にも応用しています。

👍 Marine Digital

Marine Digital（独）は、船舶上のセンサーのほかに気象観測所や気象衛星等、外部からデータを収集してこれをAIで分析する海運システム、Marine Digital AIを構築しています。

Marine Digital AIは、機械学習アルゴリズムでデータを処理して、船舶のオーナーやオペレーターに必要な情報として提供します。

海運業において、こうした機械学習は最適航路の選択、航行の安全・安定、エンジンの制御、燃費の効率向上等、航行の安全・安定とサステナブルな運航にとって極めて有益なツールとなります。

また、Marine Digital AIは、機器類のメインテナンスや交換のタイミングを事前に通告します。そして、航行中、機器類の稼働状況が平均の数値より一定以上の乖離が生じた場合には、アラートの発出を設定しておくことが可能で、これにより素早く修理等の対応ができます。

（7）水処理プラント

水処理はサステナブル開発のために最も重要な技術の1つですが、水処理にAIを活用するケースはまだ少ない状況です。

CASE STUDY
👍 Pani

カナダのSaaS企業のPaniは、AIによる水処理のソフトウエアを提供しています[41]。

PaniのAI Coach™は、水処理プラントに取り付けられたセンサーのデータ分析によりプラントのパフォーマンスを把握、プラントのオペレーターにリスク低減をしながらパフォーマンスを向上させる施策やメインテナンスのタイミング等を示して、プラントの最適な稼働をサポートする世界最初のソフ

トウエアです。

AI Coach™は、クラウドをベースとする機械学習プラットフォームで水処理プラントのパフォーマンスを向上、またクラウドによるアナリティクスは、水処理プラントの効率性向上、稼働コストの削減、そして新鮮な水の生成のサステナビリティを改善する機能を発揮します。

（8）保険金支払い

保険業界では、損害保険について損害状況の確認にドローンとAIを活用することにより、被保険者に対して保険金の支払いを迅速化するケースがみられます。

CASE STUDY

👍 三井住友海上火災

三井住友海上火災は、水害が発生した時に専門の調査員が一軒一軒家を回って浸水状況を確認する立会調査を実施する必要があり、事故の連絡から保険金を支払うまで1ヶ月程度を要していました。こうした作業は多くの人員投入を要し、また被保険者にとっては日常生活に必要な資金の不足を来たす恐れがあります。

そこで同社では、保険金の支払いを迅速に行うためにAIによる流体シミュレーション技術を持つArithmer社（日）と提携して、2020年からドローンとAIとを活用して立会調査を行うことなく全損地域を特定し、最短で事故の連絡から5日程度で保険金支払いを可能としています[42]。

具体的には、水害が発生したら高精度に座標（緯度・経度）を特定できるドローンで上空から水災被害地域を撮影して、その撮影画像をもとに正確な座標・標高を保有する高精度な地表の3Dモデルを作成します。

そして、AIを使って流体シミュレーション技術によるデータ解析を行います。この流体シミュレーション技術はArithmer社が保有している技術で、広大なエリアの水量や水の流れを解析し、数センチ単位で浸水状況の正確なシミュレーションを行います。そして、被災地域における水深を算定したうえで全損として判断できる地域を正確に特定して、保険金支払い対象とします。

> ### コラム 🌲 雹の被害
>
> 　AIは、保険会社にとって保険金増加の抑制、被保険者の損害査定、保険契約手続きの迅速化等に活用されています。
>
> 　最近の異常気象の１つに雹（ひょう）の多発があります。雹は、農作物や自動車に害を及ぼし、また、大きな雹は建物の屋根や窓にも損害を与え、その損害額は膨大になる恐れがあります。
>
> 　そこで、事前に雹の到来を予測することができれば、自動車を安全な場所に移動させる等、被害額を抑制することができます。
>
> 　米国大気研究センター（National Center for Atmospheric Research、NCAR）は、GPU（Graphic Processing Unit）を使ったディープラーニングを活用することにより、雹がどこで、どのくらいの大きさで降るかを高い確率で予測するモデルを開発しています[43]。

（9）産業廃棄物の分別、リサイクル

　産業廃棄物の発生は、量的増加とともに、質的多様化が進行しています。廃棄物を適正に処理することは、社会・経済がサステナブルな発展を辿るための不可欠な条件となっています。

　こうした産業廃棄物は、公害防止や焼却効率、合理的処理等から、可燃ごみと不燃物、プラスチック・ゴム類等に分別収集することによって、リサイクル等の適正処理に繋げることができます。

CASE STUDY
👉 AMP Robotics

　AMP Robotics（米）は、AIにより稼働するロボットと、画像分析コンピュータでごみのリサイクルをサポートする会社です[44]。

　AMP Neuron AIとコンピュータ画像システムは、何百万という種類の物質をデータ処理することにより、機械学習を活用して施設から排出されるさま

ざまな物質に適応するニューラルネットワークを構築しています。

AMP Roboticsは、AMP Cortex、AMP Neuron、それにAMP Clarityという ハードウエアとソフトウエアを組み合わせたシステムにより、物質の色、材 質、形、サイズ等の特徴を認識することができます。

❶ AMP Cortex

AMP Cortexは、リサイクルのニーズに対応できる高速のAIロボティクス システムです。AMPのAIテクノロジーにより、ロボットは、分別を99％の 正確さでもって行い、1分間に80の摘出を行うことができます。

AMP Cortexは、多くのMSW（Municipal Solid Waste、都市廃棄物）を処 理します。MSWの種類は、包装紙、段ボール、コーヒーカップ、繊維紙、ポ リ袋、新聞紙、紙コップ、プラスチック製容器、事務用漂白紙等です。

❷ AMP Neuron

AMP Neuronは、最新の機械学習でCortexシステムのパフォーマンスを絶 え間なく改善します。機械学習により、AIプラットフォームは、時を追うご とにより正確に物質を把握することができます。

❸ AMP Clarity

AMP Clarityは、物質を分別するときに重要なプロセスとなる物質の特徴 と性能の計測をリアルタイムで行うデータのポータルサイトです。

AMP Clarityによって高価値のリサイクル紙やパッケージ、容器を選別、摘 出して、再販に回すことができます。

(10)企業の脱炭素戦略のサポート

企業が脱炭素戦略を展開するアプローチにはさまざまな切り口があり、ま た、その効果もエネルギーコスト削減による企業価値の向上、マーケットに 対する経営戦略の開示によるレピュテーションの向上、他社との差別化によ るビジネスチャンスの拡大等があります。

そこで、こうした企業の脱炭素戦略を総合的にサポートするスタートアッ

プが出現しています。

CASE STUDY
👍 SINAI Technologies

SINAI Technologies（米）は、AIを活用してカーボンリスクを測定、評価するサービスを提供するスタートアップです[45]。

SINAI Technologiesでは、企業の脱炭素戦略の構築をサポートする脱炭素プラットフォームを使って科学的手法によりGHG排出量の測定、削減、レポーティング、シナリオ分析を行っています。

具体的には、エネルギーシステムの改革を指向するNPOであるRMI（米）と協働して、鉱業、鉄鋼、自動車、農業を対象にして、サプライチェーン全体のGHG排出状況のモニタリング、リスク分析、排出削減を自動化するテクノロジーを提供するプロジェクトを手掛けています。このプロジェクトでは、クラウドを活用した分析と機械学習が決定的に重要になります。

例えば、農業分野において農作物の生産から消費までのサプライチェーンから排出されるGHGを削減する活動がグローバル規模で活発化しています。そこで、SINAI Technologiesは、ブラジルの農業関連会社と協働して、農業のGHG排出量と排出削減目標との間のギャップの測定を実施しました[46]。このプロジェクトでは、データを収集し、それが正確なものであるかどうかを第3者が審査したのちSINAIの脱炭素プラットフォームで分析する手順をとります。

(11)企業のサステナビリティ評価

投資家や金融機関が投融資を行うにあたって企業がどれだけサステナビリティに取り組んでいるかを認識するニーズが高まっていますが、AIの活用によりこうしたニーズに応えるサービスを提供するスタートアップが出現しています。

CASE STUDY

👉 サステナブル・ラボ（株）

　サステナブル・ラボ（日）は、AI技術を活用して企業や都道府県の非財務/SDGsデータを分析、スコア化したオンラインデータバンクを「テラスト」の名称で提供しています[47]。なお、テラストの名称には、terra（地球）と照らす人という意味が込められています。

　サステナブル・ラボでは、企業や自治体がどれだけ環境や社会に貢献しているかというサステナビリティ分野の評価や判断が定性的、印象論で行われているケースが少なくない状況にあることをかねてから問題視してきました。

　そこで、同社ではこの課題を解決するため、AIを活用した数理処理により非属人的かつ説明可能なモデルをベースにして、ファクトベースで非財務情報やSDGs達成度を示し、新たな判断軸の物差しとすることを企図してテラストを開発しました。

　テラストは、上場企業約2,000社と47都道府県の非財務データをシステムで抽出し、それを機械学習により企業の従業員規模や経済規模等を勘案、リアルタイムで分析した結果をもとに有識者・専門家と協議のうえ、サステナビリティ・スコア化しています。

　これにより、これまでは経済性、財務情報が判断材料であったのを、環境社会貢献度、ESG、SDGs等のサステナビリティでも判断できるように、さまざまな非財務情報を可視化してランキング形式で情報を発信するプラットフォームとなっています。

　こうしたテラストの活用例としては、ESG投資の際の検討材料にするとか、取引先企業の選定や最新動向のチェック、就活・転職の際のエントリー企業の情報収集等が考えられます。

👉 Truvalue Labs

　Truvalue Labs（米）は、人手では到底できない何百万という膨大な量の非構造的データを機械学習と自然言語処理（NLP、natural language processing 自然言語が持つ意味を解析する処理技術）を活用して、企業の価値にインパクトを与える機会とリスクの分析を行っています。

　そして、こうした分析によって対象となる企業のESGのパフォーマンスがどうかを、同種の企業やセクター、ベンチマークとリアルタイムで比較することができ、投資家の投資判断の材料として活用することが可能となります[48]。

　いくつかの大学がこのTruvalue Labsのデータを研究して、リアルタイムで企業から受ける一般の印象と企業のパフォーマンスとに相関関係があることを実証しています。

　例えば、ハーバードビジネススクールは、次のような評価を下しています。「Truvalue LabsでAIが生み出した企業のサステナビリティパフォーマンスに関わる一般の印象（public sentiment）を測定したビッグデータとMSCI ESGのスコアを突き合わせると、良好なサステナビリティパフォーマンスを持つ企業価値の評価（valuation premium）は時間が経つにつれて増加、そのプレミアムは一般の印象の正函数であることが明らかとなった。

　このことは、企業のサステナビリティパフォーマンスに関する一般の印象が投資家のサステナビリティに関わる企業の評価に影響を及ぼし、この結果、サステナビリティを考慮したプレミアム、さらにはESGデータを考慮したポートフォリオのリターンに影響を及ぼしていることを示している」[49]。

👍 UtiL

　企業の活動とSDGsとの関係性を評価することは、投資家にとっても国際機関にとっても極めて重要です。

　ロンドンを拠点とするフィンテック企業のUtiLは、ビッグデータとAI、機械学習等を活用して企業の製品・サービスがSDGs等のサステナビリティ要素に与えるポジティブ・ネガティブインパクトを把握・計測する手法を開発しました[50]。

　UtiLが開発した手法は、120百万に上る各業界の資料を基に、NLPを活用して、機械学習やNeural Network（脳の神経回路の一部を模した数理モデル）により世界中の45,000の上場企業の製品・サービスとSDGsの17の項目、169のゴールやその他2,000のサステナブル要素との関係の性格、強さ、関係の方向性を包括的に把握、計測するものです。

　UtiLでは、これにより、アセットマネジャーはサステナビリティ投資のリ

ターンを最大化することが可能となるとしています[51]。

【図表5】UtiL による企業の製品・サービスとサステナビリティとの関係を解明するモデル

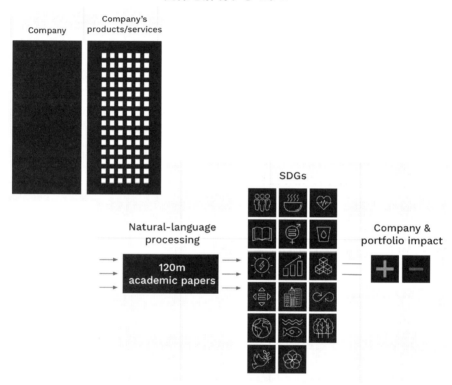

（出所）Elisabeth Steyn、Jose M Lopez Sanz "How SDG-aligned is ESG? Putting sustainable funds to the test" UtiL 2021.9

👉 Rabobank、ING Real Estate Finance

　オランダのRabobankは、融資を申し込んできた企業がサステナビリティ経営にどのように取り組んでいるかをAIとビッグデータを活用して診断、それを1つの材料として融資条件を決定しています。

　また、ING Real Estate Financeは、不動産関連融資において、借り手が建物のエネルギー効率化施策を導入する場合には、AIとビッグデータを活用することにより同種の融資に比して低利の条件としています。

第Ⅱ部

サステナビリティ×フィンテック：
API、クラウドコンピューティング、
オンラインプラットフォーム、
クラウドファンディング、デジタルツイン

第1章

サステナビリティ×API

① APIのコンセプト

API（Application Programming Interface）は、企業が保有するプログラムのデータやアプリ等のソフトウェアの一部の機能を公開することにより、他のソフトウェアの機能と共有することができる接続仕様です。

APIにより、ユーザーは他のソフトの機能を自分のソフトに埋め込むことができます。

APIを使ってプログラム等の機能を連携させることをAPI連携といい、また、インターネットで公開されていて外部からプログラムを呼び出すことができるAPIをweb APIと呼んでいます。

APIは、次のような種類に大別されます。

❶ Open API

データやアプリを、APIのインターフェースの対象となるクライアントや

ソフトウェア開発者等のサードパーティに幅広く公開するAPIです。

Open APIは、登録すれば誰でもアクセスができるPublic APIと、一定の資格要件等が定められたグループに所属する会員だけがアクセスすることが可能なMember APIに分類されます。

OpenAPIは、セキュリティ面、経営面の双方でその管理を厳格に実施する必要がありますが、これをAPIマネジメントと呼んでいます。

❷ PrivateAPI

Open APIに対峙するAPIにPrivateAPIがあります。

Private APIを活用して新しくアプリを制作するにあたっては、保有するデータやアプリの機能を提供する企業との緊密な協働により、顧客のニーズを的確に把握する必要があります。

PrivateAPIは、さらにPartner APIとClosed APIに分類されます。

i　Partner API：特定のビジネスパートナーにデータアクセスを許可するAPIです。

ii　Closed API：企業やグループ企業内部に限定して利用するAPIです。これにより組織内でのデータ共有を図ることができます。

❸ Composite API

一つのAPI連携により複数のアプリや他のAPIにアクセスできるAPIです。

② API連携のメリット

APIのユーザーは、API連携を行うことによりアプリの開発工数・コストの節減等のメリットを享受することができます。

すなわち、アプリを白紙から個々に開発、作成することは時間も労力も要することから、企業がすでに持っている機能等をAPIにより呼び出して、一からプログラミングをすることなく、これをベースに開発コストを削減して新たなアプリを効率的に制作することが可能となります。

API連携では、データを公開しているソフトウェアも数多く存在し、その

場合にはアプリの開発だけではなく、API連携で提供されるデータを有効活用して、個人のニーズや企業のビジネスに役立てることも可能です。

③ サステナビリティとAPI

（1）グリーンAPI

APIは、サステナビリティに大きな役割を果たしています。

グリーン化を目指す多くのソフトウェアが開発、活用される中にあって、APIは、空気や水の汚れのモニターや、GHG排出状況のデータ等、環境分野における重要な情報を効率的に伝達する機能を発揮しています。

APIを通して環境問題に関わるデータ等をアプリに組み込むことにより、個人レベルまでサステナビリティについての関心を高めるサポートができます。

こうしたAPIは「グリーンAPI」と呼ばれます。グリーンAPIは、サステナビリティや、環境問題への対応、気候変動への具体的な取り組みの促進を目的としたAPIです[1]。

（2）グリーンAPIによるサステナブルアプリ

グリーンAPIは、サステナビリティの要素をアプリに組み込む不可欠のツールです[2]。こうしたサステナブルアプリは、GHG排出量の抑制、水資源の維持・確保、家庭・ビルの電力使用量の節減等に寄与しています。

また、グリーンAPIは、例えば車を運転中にどれだけのCO_2を排出しているかをドライバーに知らせる等、リアルタイムで情報をフィードバックする機能を提供しています。このように、グリーンAPIは交通、ビルの建築デザイン等、さまざまな分野に適用することができます。

グリーンAPIにより開発されたサステナブルアプリは、個人に対してサステナビリティの意識を醸成することに大きな役割を果たしています。例えば、通勤に車を使わず自転車を使った場合とか、サステナビリティに資する商品を購入した場合には、ポイントを付与する等の施策によって、個人にサステナブルな行動をとるインセンティブを与えることができます。

また、プライベートAPIにより組織内における各部署のサステナビリティ

のパフォーマンスを計測することにより、部署間でデータを共有して組織をあげてサステナビリティ向上に注力する機運を高めることができます。

CASE STUDY[3]

👍 個人のカーボンフットプリント削減のためのAPI

①Open Charge Map（豪）は、世界中のEVの充電スポットのデータベースをAPIを通じて提供しています。

　アプリのディベロッパーは、これを基に各地の充電スポットのマップを内容とするアプリをEVのドライバーに提供することができます。

②不動産仲介業者のRedfin（米）のWalkscore APIは、住宅や地域を対象にして、

　i　歩きやすさ

　ii　公共交通機関へのアクセスのしやすさ

　iii　自転車での移動のしやすさ

を各々スコアにして提供しています。

　このAPIでは米、加、豪のスコアを公開しており、アプリのディベロッパーは、これを基にして各地の住宅、地域をスコアリングするアプリの開発が可能です。なお、Walkscore社は不動産仲介業者のRedfinの傘下に入っています。

③Brighter Planet（米）は、日々、さまざまなGHG排出源からの排出量を計測、収集して一般に公開しています。

　アプリのディベロッパーは、Brighter PlanetのAPIにより、車の運転や飛行機での移動、家での生活によるカーボンフットプリントをリアルタイムで把握できるアプリの開発が可能です。

👍 家庭での電力消費の抑制を目的としたAPI

　Genabilityは、米、加、メキシコの公共運営、民間運営双方の電力会社の電力供給と電力料金のデータを収集しており、このデータは電力のユーザー

の98％が支払っている電力料金をカバーしています。

　Genability APIは、家庭における電力消費とそのコストの予測の詳細なデータを提供することにより、各家庭が電力消費をスマートに行うアプリの開発を支援しています。

👍 太陽光発電に関する各種データを提供するAPI

　Clean Power Researchの SolarAnywhere APIは、太陽光発電に適した場所、その場所における太陽発電のシミュレーション、太陽発電の免許に関する情報等を提供、太陽光発電に関するアプリの開発を支援しています。

👍 エコラベルAPI

　多くの消費者は、購買対象が環境に優しい商品であるかどうかに神経を尖らすようになっています。こうした消費者行動に対応して、数多くのグループが第3者の立場で商品を環境面からDD（due diligence）を行い、エコ商品にエコラベルを付してEcolab Indexとしてデータベース化しています。

　このデータベースは、REST APIにアクセスして利用することができます。

....

コラム 🌲 REST API

　APIを構築するフレームワークにはいくつかありますが、その1つがRESTです。REST APIのRESTは、Representational State Transferの略で、リソース（データ）指向型のシステム設計の方法です。そして、REST APIは、RESTのアーキテクチャー設計原則に準拠して構築されたAPIでRESTful APIともいいます。

　REST APIは、アプリ等を大半のプログラミング言語で開発できるという高い柔軟性と自由度でシンプルにデザインすることができます。

　RESTは、次の6つの原則をベースに設計されます[4]。

①統一インターフェース（Uniform Interface）

APIアクセスは、あらかじめ定義、共有された同じ形式に統一される必要があり、これによりすべての情報が一意なURI（Uniformed Resource Identifier、識別子）を持ち、提供する情報をURIで表現できる。

②クライアント・サーバー分離（Client-Server）

クライアント（機能を利用する側）とサーバー（機能を提供する側）は、それぞれ独立して相互に影響することがない構造であり、これによりクライアントアプリは要求するリソースのURIのみを知っていればよく、また、サーバーアプリは要求されたデータをHTTPを介して渡すのみで、クライアントアプリを変更することはない。

③ステートレス（Stateless）

クライアント・サーバー間のリクエスト・レスポンスは、その都度、独立・完結し、それ以前のリクエスト・レスポンスの影響を受けない（ステートレス）ことから、各リクエストには、その処理に必要なすべての情報を含める必要がある。

④キャッシュ（Cache）

キャッシュが許可されている場合には、クライアント側またはサーバー側でリソースのキャッシュが可能である必要がある。ここでキャッシュは、直近に読み込んだものや使用頻度が高いものを一時的に保存して次回以降の速度アップに役立てる仕組みを意味する。

キャッシュにより、サーバー側のスケーラビリティの向上と、クライアント側のパフォーマンスの改善が実現できる。

⑤レイヤーシステム（Layered System）

REST APIでは、リクエストとレスポンスは異なるレイヤー（階層）を通過する。通信ループには、さまざまな中間システムが存在する可能性があり、REST APIでは、クライアントとサーバーのいずれも、エンドアプリと中間

システムのどちらと通信しているか判別できないよう設計する必要がある。

⑥コード・オン・デマンド（Code-On-Demand）

REST API は、原則として静的リソースをレスポンスするが、場合により実行可能コードを含めることもできる。その場合、コードはオンデマンドで実行する必要がある。

そして、REST のアーキテクチャー設計原則に準拠して構築された REST API が持つ主な特徴は次の3点です[5]。

i 会社や組織を超えた共通の枠組みとすることで、利用者・開発者共に理解しやすく使いやすいサービスとなる。

ii HTTP 標準のメソッドを利用することにより、一貫性がありシンプルなプログラム開発ができる。

iii サーバーとクライアント間でステートレスとなるため、負荷に応じたスケーラビリティが向上する。

....

👆 企業のカーボンニュートラルの取り組みをサポートするAPI

❶ Cloverly API

Cloverly は、米国の大手電力・ガス会社の SouthernCompany が立ち上げたスタートアップで、Cloverly API は、カーボンクレジットの買い手とカーボンオフセットプロジェクトを結びつける API です[6]。

Cloverly API は、電子決済されるさまざまな取引からの CO_2 排出量を算出して、直ちに排出量に相当するカーボンクレジットを購入することにより、カーボンニュートラルとします。

具体的には、企業活動から CO_2 が排出されたら、Cloverly API は CO_2 排出のロケーションやコスト、プロジェクトタイプからみて最適な CO_2 除去プロジェクトのカーボンクレジットを購入して CO_2 排出量とマッチングさせ、カーボンオフセットを実行します。

また、Cloverly は、常にいくつかの CO_2 除去プロジェクトのポートフォリ

オを保有していて、企業のサステナビリティの目標に適した複数のプロジェクトの組み合わせを選択することも可能です。

そして、Cloverlyは、購入したカーボンクレジットの詳細とそれがカーボンオフセットとして機能するインパクトを企業に報告します。

❷ Stripe

オンライン決済プラットフォームを提供するStripe（米）は、さまざまな決済方法を受け付けることのできるAPIを開発してEコマース企業に提供していますが、その一つにStripeClimateAPIがあります。

StripeClimateAPIを組み込んだEコマース企業は、決済高の一部を脱炭素プロジェクトに寄付することができます。この寄付金は全額、Stripeが提携した科学者グループが評価した脱炭素プロジェクトに投資されます。

また、StripeClimateAPIから発行される領収書・請求書には、企業が脱炭素プロジェクトに対して寄付行為をしたことが自動的に記載されて、Eコマースのユーザーに対する当該企業のサステナビリティ推進をアピールすることができます。

👉 CO_2排出量計算API
❶ VitalMetrics

VitalMetrics（米）は、GHGソフトウエアとデータ、サステナビリティコンサルティングにより、GHGのscope1、2、3を計算するAPIです。

多くの企業にとってscope1、2、3のうちscope3が最大のGHG排出量となるにもかかわらず、それを計測することは容易ではありません。しかし、VitalMetricsは、最新のテクノロジーを組み込んだGHGソフトウエアで、企業に代わってその計測を迅速に実施します。

そして、計測結果はCDP（気候変動等の環境分野に取り組む国際NGO）の質問状に回答できるような形にして企業にフィードバックされます。

また、第3者による分析や競争相手の状況等を検討して、企業に対してGHG削減についてどのような施策が最適かをアドバイスします。

❷ Doconomy

　スウェーデンのフィンテック企業であるDoconomyは、個人や企業のCO_2
排出量を可視化するAPIを提供しています。

　Doconomyが提供するサービスは次の4つに分類されます。

i　Lifestyle Impact

　国連気候変動枠組条約（UNFCCC）事務局と協力して開発したLifestyle
Calculatorにより、個人の年間CO_2排出量を推計します。Lifestyle Calculator
は、個人がいくつかの質問に答えることによりCO_2排出量を計算します。

　質問は、次のように多岐に亘っています。

a. 住居：再生エネを使用しているか、暖房や調理の熱源は何か等

b. 交通：車を所有しているか、飛行機の利用状況等

c. 買い物：過去1年の家電・家具の購入状況、衣類の購入は新品かリサイク
ル品か等

d. 食生活：赤みの肉を食べるか、ベジタリアンか等

　また、Lifestyle Calculatorは、個人のサステナブルな生活スタイルを促進
するためのさまざまなアドバイスを行う機能も具備しています。

ii　Transaction Impact

　顧客が通販での買い物をクレジットカードで決済した場合に、金融機関は
オーランド指数を活用して購入商品が環境に与えたインパクトをCO_2排出量
に換算した数値を顧客に連絡します。

　オーランド指数は、フィンランドのオーランド銀行（Bank of Åland）が開
発・提供する代表的な気候インパクト指数で、ビッグデータをもとに32の決
済カテゴリー別に€1当たりの支払いでどれだけのCO_2が排出されているかを
示す指数です。

iii　Corporate Impact

　Doconomyは、金融機関が消費者に供与した与信について、CO_2換算量、水
使用量、生物多様性、SDGs、EUタクソノミー、パリ協定との整合性等、与

信のポートフォリオ全体についてデータと可視化機能を備えた Impact Dashboard を開発中です。

　これにより、インパクトデータを直感的に分かりやすい形式で提示して、金融機関による気候インパクトのモニタリングや、社員、顧客、株主、投資家等のステークホルダーとのサステナビリティに関わる情報共有が可能となります。

iv　Product Impact

　Doconomy では、メーカーがオンライン上で自社製品の CO_2 排出量を計算できるツールである 2030 Calculator を提供しています。CO_2 排出量は、原材料・部品の製造過程や組立プロセス、包装・運送プロセス等が含まれます。

　2030Calculator では、製品毎の固有の CO_2 排出ファクターを使用して計算します。これにより、メーカーはサステナブルな生産体制への移行を加速することができます。

....

コラム 🌲 買い物の CO_2 排出量に上限を設定したクレジットカード

　Doconomy は、MasterCard、国連気候変動枠組条約（UNFCCC）事務局と協働でクレジットカードの DO Black を開発、提供しています [7]。

　DO Black は、決済毎に、その買い物により発生する CO_2 排出量を記録して、ユーザーに毎月の利用明細で月間の CO_2 排出量を伝えます。

　DO Black カードには月毎の CO_2 排出量に限度が設定されます。この限度は、ユーザーが自由に設定できるわけではなく、気候変動に関する政府間パネル（IPCC）の 2030 年までに国毎の CO_2 排出量を 50% カットする目標に基づいて、1 人当たりの CO_2 排出量限度を算出した値になります。このように、利用金額ではなく、CO_2 排出量でカードの利用制限を設定したクレジットカードは、世界最初となります。

　また、DO Black カードのユーザーには、国連により認証されたグリーンプロジェクト基準を満たしたプロジェクトへの寄付が勧奨されます。

Doconomy は、これにより DO Black カード利用者が環境に負担をかけないような消費行動に移行し、サステナビリティに対する意識が向上することが期待できる、としています。

なお、DO Black カードは、自然の素材で作られ、また、カードにプリントされているインクは大気から回収された炭素の微粒子である煤を原料とするというように、環境保全に配慮されたものとなっています。

❸ chaintope

chaintope（日）は、CO_2 削減量を可視化するサステナビリティ API を提供しています[8]。

この API は、chaintope が開発したパブリックブロックチェーンの Tapyrus に CO_2 削減量の根拠となるデータを記録して CO_2 削減量等の環境価値をリアルタイムで可視化するものです。

Tapyrus は、ブロックチェーンの社会実装に向けた諸課題を解決し、オープン性、透明性、ガバナンス、ファイナリティを同時に担保したハイブリッド型のブロックチェーンです。

chaintope のサステナビリティ API は、次のような機能を持っています。

i 自治体や企業による脱炭素への移行に向けた最初の課題である CO_2 排出・削減量の客観的かつ定量的な可視化が可能となる。

ii 地熱発電、CO_2 分離回収設備、農業利用、排熱・排ガス利用、再エネ余剰電力利用、輸送の効率化等の環境価値の可視化に対してもサステナビリティ API を応用することができる。

iii レポーティング機能を利用することにより環境報告書への準備を実施することができる。

特に、国際貿易において、Scope1~3 のサプライチェーン排出量の可視化が強く求められている状況下、Scope1、Scope2 だけでなく、Scope3 に至るまでの CO_2 排出量の可視化が必要となり、サステナビリティ API は、こうした

ニーズに対応するデータ基盤を具備しています。

　脱炭素を加速させるには、国や自治体だけでなく、企業や個人レベルでの行動変容が不可欠であり、chaintopeでは、毎週の削減目標の達成度、CO_2削減量のランキング、リアルタイムの地産地消率等、CO_2削減行動を日常の生活や業務において習慣化するツールとして、ゲーム感覚でCO_2削減行動を促進する機能を持つアプリの提供を予定しています。

第2章
サステナビリティ×
クラウドコンピューティング

① クラウドコンピューティングのコンセプト

　クラウドコンピューティング（cloud computing、クラウド）は、ネットワークを経由してユーザーにソフトウェアやデータを提供するサービスです。

　クラウドを使用しない場合には、ユーザーはコンピュータのハードウェア、ソフトウェア、データ等を、ユーザー自身で保有・管理する必要があります。なお、このようにサーバー等のハードウェアやアプリ等のソフトウェアを、ユーザーの管理する施設内に設置して運用することをオンプレミス（on-premise）と呼び、クラウドと対峙する用語として使われています。

　しかし、クラウドを利用することによって、ユーザーは端末とインターネット接続環境を用意するだけでさまざまなサービスを利用することが可能となり、情報処理機器の手当てやシステム構築・管理のエネルギーや時間の削減による業務の効率化とコストダウンを図ることができるメリットがあります。

　クラウドでは、サービス提供者（ベンダー）がデータセンターに多数のサーバーを用意します。そして、ベンダーは、ユーザーがインターネットを通じてデータセンターのサーバーに保管してあるソフトウェアやデータ等を利用できるようなシステム環境を構築します。

　このように、クラウドサービスの本質は、ユーザーがIT資産の一部をオフバランス化して効率化を図ることにあり、ユーザーはクラウドによりネットワークを活用して、いつでもどこからでも必要とするIT資産にアクセスできるユビキタスの環境が形成されます。

　クラウドには、誰でも利用できるパブリッククラウドと、閉鎖的ネットワークで構築されるプライベートクラウドがあります。プライベートクラウドは、クラウドの効率的な機器、機能の使用というメリットを享受できる一方、

177

セキュリティ面で万全の確保を図る必要があります。

② クラウドで提供されるサービス

クラウドで提供されるサービスは、個人が利用するオフィスソフトやメールソフト、企業が利用する顧客関係管理（CRM）等のアプリ、データベース、開発プラットフォーム等のインフラというように、多種多様に亘っています。

クラウドは、それが提供するサービスによって SaaS、PaaS、IaaS の3種類に分類されます。

(1) SaaS

SaaS（Software as a Service、サース、サーズ）は、ソフトウェアを提供するサービスです。ユーザーは、SaaS の活用によってユーザーサイドでソフトウェアをインストールする必要がなく、プロバイダー（ベンダー）サイドでソフトウェアを稼働する形で利用することができます。

ユーザーにとっては、SaaS を導入することで即座にソフトウェアを利用できるといった機動性がメリットとなります。なお、料金は、一般的に利用した分に応じて支払う従量制が適用されます。

SaaS は、基本的にプロバイダーが提供するソフトウェアをそのまま使用することになり、したがって、ユーザーにとって厳格な差別化を求めることは困難であるということができます。

(2) PaaS

PaaS（Platform as a Service、パース）は、アプリが動作する土台となるプラットフォームを提供するサービスです。すなわち PaaS は、アプリが稼働するためのハードウェアや OS 等を、インターネット上のサービスとして提供します。

ユーザーは、PaaS を活用することによってミドルウェアがセットアップされた環境を利用することができます。

SaaS では、ユーザーが利用可能なソフトウェアはプロバイダーが提供する

ものに限られますが、PaaSでは、プラットフォームを使って自らのシステム設計ニーズにマッチする方法で、低コストでスピーディにアプリを開発することができます。

（3）IaaS

IaaS（Infrastructure as a Service、イアース、アイアース）は、インフラを提供するサービスです。ここで、インフラとはサーバーやストレージ、OS等のコンピュータの基盤になる部分をいいます。

ユーザーはIaaSの導入によって、ユーザー自身でこうしたインフラを持つことなく、ネットワークを使って自由にハードウェアのスペックやOSを選定してユーザーニーズに沿ったシステムを構築、利用することができます。したがって、ユーザーがIaaSを導入するには、システム構築についてのエキスパータイズを持っていることが前提となります。

③ クラウドのメリット

ユーザーからみたクラウドのメリットは、次のように整理することができます。

（1）持たざる経営

ユーザーは、クラウドの活用により持たざる経営のメリットを享受することができます。

すなわち、ユーザーは、クラウドのインフラ、ソフトウェア、プラットフォームを所有することなく、回線の設置・維持やネットワークの構築・管理・リプレースをアウトソーシングすることになります。

この結果、ユーザーは、システム構築・維持の手間と時間とコストを節減することができます。また、自社でシステムを構築する必要がなく管理も容易なことから、自社内でITに対する専門知識を有するスタッフを多く抱える必要がなくなります。

（2）スケーラビリティ

ユーザーは、クラウドの持つ可用性、拡張性を活用することができます。

すなわち、クラウドは、多くのユーザーが共同でインフラや機器等を使用することから、スケールメリットを生かすことができます。

自社専用のサーバーを使用しているユーザーは、ITの円滑な運用を確保するためにピーク時対応ができる容量のサーバーを具備する必要がありますが、クラウドでは、閑散期でニーズが低調な時にはクラウドからのサービスを少なくして、繁忙期にはサービスの供給を増やすといった形で、その時々のニーズに応じたサービスを受けることができます。

（3）ユビキタス

ユーザーは、パソコン、携帯、スマホ、タブレット端末等、さまざまな端末から、いつでもどこからでもネットワークにアクセスして、どこに配置されているどのサーバーかを知ることなく、サービスの提供を受けることが可能です。

例えば、ユーザーが複数の端末を所有している場合に、どの端末を使ってもシームレスに同一のサービスを受けられるとか自己のデータにアクセスすることができるといったサービスが、クラウドにより実現することができます。

④ クラウド利用の留意点

（1）セキュリティ

クラウドはセキュリティ面でさまざまな対策が講じられてきていますが、それでも自前でサーバーを持つ場合に比べて劣る恐れがあります。

また、クラウドは、多くのユーザーがサーバーを共同で使用することから、他のユーザーが何らかのトラブルを被った場合、それが自己にも波及する可能性があります。

（2）サービスの弾力性

クラウドは、サーバーの共同使用という形で外部からのサービスの提供を受ける形となるために、自己のニーズに合わせて弾力的にカスタマイズする自由度に欠ける恐れがあります。

また、クラウドで提供されるサービスは、従量制で課金されることが多く、巨大な容量を必要とするユーザーの場合には、コストが嵩むことになります。

（3）ITリテラシーの蓄積

クラウドは、外部からITサービスを調達する形を取ることから、ユーザーサイドでITリテラシーの蓄積が進捗しない恐れがあります。

クラウドのサービスを利用するといっても、ユーザーサイドでも一定のITリテラシーが必要であり、この点、ITマネジメントの運用面で留意する必要があります。

（4）データセンターの拠点

クラウドによるサービスの提供を行うデータセンターは、日本のほか、世界の各地に設置されています。したがって、海外のデータセンターを使用する場合には、その拠点がある国の法律や治安によって、有事の際のデータの閲覧制限、国外持出禁止、漏洩、破壊等のリスクが存在します。

⑤ サステナブルクラウド

サステナビリティの視点からクラウドを活用すれば、企業価値の向上とCO_2排出削減の双方に効果をもたらすことが期待されます。

ユーザーに、環境にフレンドリーなオペレーションとCO_2削減に重点を置いたバーチャルなハードウェアやソフトウェア等の機能・サービスをオンデマンドで提供するテクノロジープラットフォームは「サステナブルクラウド」と呼ばれています。

サステナブルクラウドを実現するためには、以下のようにいくつかのポイントがあります[1]。

（1）クラウドプロバイダーの選択

❶ クラウドプロバイダーの選択基準

ユーザーは、CO_2削減に注力する最適なクラウドプロバイダーを選択する必要があります。プロバイダーがサステナビリティにコミットする場合、さまざまなアプローチがあり、それがデータセンターの計画、建設、電力、オペレーション、機器の更新等に反映されることになります。

多くのプロバイダーがカーボンニュートラルやカーボンネガティブを目標としていますが、プロバイダーによりCO_2の排出状況には大きな差異があります。この差異は、プロバイダーが再生エネの使用状況、新規の再生エネへの投資状況、ネットワーク・サーバー・冷却装置等のインフラの省エネ設計、データセンターのハードウェアのリサイクル、先進的なオペレーション等の各側面にどれだけ注力しているかによります。

さらに、プロバイダーがユーザーに対してCO_2の排出状況をリアルタイムで発信しているか等の透明性の視点も重要な判断材料となります。

❷ データセンターの電力消費

環境問題に係る膨大な情報がクラウドを使ってデータセンターに蓄積されています。クラウドが普及するにつれてデータセンターが使用する電力も増加しますが、クラウドプロバイダーの間ではこれを再生エネでカバーする取り組みが拡大しています。

また、データセンターにおける冷却効率も重要なポイントとなります。大手データセンターでは、AIを活用した空調制御システムを導入して、冷房効率の向上による消費電力の削減を実現しています。

CASE STUDY

👉 Microsoft の Azure クラウド

Microsoft の Azure クラウドは、データセンターを最も効率的に運用するために、データセンターの電力使用効率と水の使用効率について指標を設けています[2]。

❶ 電力使用効率

電力使用効率（PUE、Power Usage Effectiveness）は、データセンターの電源、冷却、サーバー、データネットワーク、照明等のシステム運用を含め、データセンターの動力源となる電力をいかに効率的に消費および使用するかを測定する指標です。

PUEの数値が1に近いほど、より効率的にエネルギーが使用されていることを意味します。Microsoftは、最適なPUE値を目指してデータセンターを設計、構築しています。Microsoftの最新世代のデータセンターの設計PUEは1.12です。

Microsoft datacenter power usage effectiveness (PUE)

$$= \frac{total\ energy\ needed\ for\ facility}{total\ energy\ used\ for\ computing}$$

❷ 水の使用効率

水の使用効率（WUE、Water Usage Effectiveness）は、2030年までにウォーターポジティブにするというMicrosoftのコミットメントに向けて取り組む上できわめて重要な指標です。

WUEは、加湿と冷却に使用した水のリットル数を、データセンターのIT機器の運用に必要な年間総電力量（kWhで測定）で除することにより算出されます。Microsoftは、2024年までに、データセンターで使われる水の使用量を95%削減する計画です。

Microsoft datacenter water usage effectiveness (WUE)

$$= \frac{annual\ liters\ of\ water\ used\ for\ humidification\ and\ cooling}{total\ annual\ kWh\ used\ to\ power\ IT\ equipment}$$

Microsoftは、2030年までにCO_2排出量がマイナスになるカーボンネガティブ計画を、さらに2050年までにMicrosoftが創業以来排出してきたすべてのCO_2を排除する計画を打ち出しています[3]。

このためMicrosoftでは、データセンターの省エネ化、クリーンエネルギーの導入等、さまざまな施策を講じています。

ⅰ 海中にデータセンターを設置して海流で発電、海水で冷却するProject Natick計画

ⅱ 高機能性液体でサーバーを冷やす二相式液浸冷却システムの導入計画

ⅲ データセンターのコンピュータ向けバックアップ電源を現在のディーゼル発電から水素燃料電池に切り替えることも検討中で、すでに水素燃料電池を用いてデータセンターを48時間連続稼働させることに成功しています。

👍 AmazonのAWSクラウド

Amazonは、2025年までに再生エネを100％使用することを目指すなかで、Amazonが提供するクラウドサービスであるAWS（Amazon Web Services）は2018年に50％再生エネ使用を達成しています[4]。

AWSクラウドのデータセンターは、米国の企業の平均的なデータセンターに比べて3.6倍ものエネルギー効率が良いことが明らかとなっています[5]。この主な要因は、効率の良いサーバー群とサーバーの稼働率が高いことによります。

AWSは、水使用の節減戦略においていくつかの手を打っています。AWSは、さまざまな地域に設置されていますが、Amazonはその地域の気候のパターンや地域の水資源管理の実態を総合勘案して、データセンターの冷却にはどのようにすれば水資源が効率的に使用できるかを検討しています。

また、AWSは、天候の変化に対応できるよう、センサーによりリアルタイムで最適な水資源の利用を目指しています。

❶ 気化冷却

AWSは、データセンターの冷却に直接気化冷却テクノロジーを採用、その結果、電力と水の大幅節減を実現しています。

すなわち、寒い季節には水を使用することなく外気を直接データセンターに送っています。また、暑い季節には外気を水の使用により気化冷却させてデータセンターに送ることにより、水の使用を最小限に抑制しています。

❷ 水資源のリサイクル使用

　AWSは、米国の北バージニアやオレゴン州にあるデータセンターで、住宅や工場からの排水を地区の水道管理当局と協働して、リサイクル水（再生水）として、データセンターの冷却水として使用しています。

❸ 汚水処理

　水が気化冷却装置を通過して蒸発するとミネラルが蓄積してきて、一定水準に達すると水を交換しなければなりません。そこで、AWSは、いくつかの地区のデータセンターでミネラルを除去する処理システムを導入して、水のリサイクルの回数を増やして、排水量の削減を実現しています。

❹ 水使用の効率性の指標

　AWSは、水使用の効率性の指標を策定して、各地域のデータセンターにおける水使用のモニタリングにより効率的な水使用を行っているかを判断しています。そして、このようなデータドリブンのアプローチによって水資源の使用削減の最適なテクノロジーを選択しています。

　すなわち、AWSでは各地域から報告される計測値を基にして、どのようなテクノロジーが水の効率的使用に適しているかを判断して、既存のデータセンターのテクノロジーを改善するとともに、新設のデータセンターに最良のテクノロジーを採用します。

　AWSは、各地域の水道管理当局の水道メーターを備え付けていることはもちろん、AWS独自のメーターを持つことにより、オペレータとサステナビリティチームで水使用のデータをリアルタイムで把握しています。そして、データを分析することにより、水使用の節減の余地があれば水道料金の請求が来るのを待つことなく即座にオペレーションの改善に取り組むことにしています。

（2）SaaSとサステナビリティ

　クラウドの活用によって、低コストで信頼性の高いデータの収集等を図ることができます。

こうしたことから、クラウドベンダーが、カスタマーである企業のCO_2排出量を効率的に記録、レポート、削減する施策をサポートするSaaS（Software as a Service）として、クラウドのサービス分野を拡大するケースが増えています。

CASE STUDY
👍 ゼロボード

企業や自治体向けに脱炭素化のためのソリューションを展開するゼロボード（日）は、CO_2排出量算出クラウドサービスのzeroboardを提供しています。

zeroboardは、次の4つのアプローチでサービス提供を行います。

❶ CO_2排出量の算出・可視化

scope1、2の効率的な収集・可視化に加えて、煩雑なデータ収集が必要なサプライチェーン排出量であるscope3の算出をグローバル基準のGIIGプロトコルに基づいて算出・可視化することができます。

❷ 排出量の削減実績管理・カーボンオフセット取引

企業がコミットしたCO_2削減目標に基づく実績管理や、企業の削減ソリューションの費用対効果のシミュレーション機能に加え、削減できない排出量についてはプラットフォーム上でカーボンオフセットを実施することが可能です。

❸ レポーティング・情報開示機能

統合報告書や調査機関向けの報告書作成機能に加え、省エネ法、温対法等の報告書式でのエクスポートが可能です。

また、zeroboardが連携している金融機関や自治体へのデータ開示や、納品先あるいは消費者へ提示するための商品毎のCO_2排出量の算出機能も提供します。

❹ B2Cサービスへの連携API

B2Cサービスとの連携APIにより最終消費者へのサービス提供において、排出量可視化・カーボンオフセット取引を提供します。

🖐 PERSEFONI

PERSEFONI（米）は、企業の事業活動における各サプライチェーンで排出されるCO_2をはじめとするGHG排出量の原単位の数値を入力するだけで、効率的にGHG排出量の算定と管理ができるソフトウェアを開発、提供しています。

算定された排出量は、事業所毎、バリューチェーン毎に把握することができ、設定したGHG排出量の目標管理やベンチマーク企業との比較も可能となっています。

また、金融機関は、投融資のカテゴリーに応じて決められた算定ルールに基づいてGHGの排出量を容易に算定・評価することができます。

PERSEFONIのプラットフォームは、scope1~3のGHG管理の一元化を実現し、企業が従来の経理業務と同様の厳密さと信頼性でGHG管理を進めることができるGHG分野のERP（Enterprise Resource Planning、企業資源計画）を提供することを標榜しています。

コラム 🌲 クラウドのもう一つのSaaS：Sustainability as a Service

SaaSには、上述のSoftware as a Serviceのほかにもう一つ、Sustainability as a Serviceがあります。

サステナビリティといっても、さまざまな領域でさまざまなアプローチによりこの達成を目指す取り組みが講じられていますが、こうしたサステナビリティの実現を総合的、包括的にサポートするサービスがSustainability as a Serviceです。

CASE STUDY

👍 Microsoft

2021 年、Microsoft は、Microsoft Azur のカスタマーがネットゼロへの道筋を辿ることをサポートするため、新クラウドサービスの Microsoft Cloud for Sustainability の提供を始めています[6]。

企業は、自社のビジネスのどこで、どれだけの CO_2 が排出されたか、カーボンフットプリントを把握、記録、報告して、CO_2 のオフセットやリサイクル、高フットプリントの資源から低フットプリントの資源へのトランジション等を講じる必要があります。

こうした施策を効率的に実施するには、シームレスなデータフローにより、自動的に正確なリアルタイムデータを収集して、サステナビリティに関するデータに基づいた行動に移すことが重要ですが、企業が独自でこうしたデータ収集をするとなると多大な労力とコストを要します。

Microsoft Cloud for Sustainability により、企業は多様なデータソースから CO_2 排出量を収集、測定、分析でき、削減目標を満たせていない領域を特定することができます。また、Microsoft Cloud for Sustainability は、サステナビリティの目標を設定した企業が、エネルギーの節減、再生エネの利用、排出量取引によるカーボンオフセット、目標達成までの進捗状況のレポート作成等、環境への統合的な取り組みを実践、管理できるよう設計されています。

👍 Sustineri

Climate Tech 企業の Sustineri（日）は、企業や個人が脱炭素化とサステナブル・トランスフォーメーション（SX）を実現するための web を開発しているスタートアップです。

Sustineri は、大企業だけでなく幅広い層の企業と個人が手軽に気候変動対策を実施できるサービスを開発する一環として Sustainability as a Service を提供しています（ちなみに Sustineri の社名は Sustainable を意味するラテン語からとったもの）。

Sustineri が提供する主なサービスは、カーボンオフセットクラウドの開発・運用や GHG 算定クラウドの開発・運用等です。

①カーボンオフセットクラウドの開発・運用

　カーボンオフセットクラウドは、商品・サービスの販売と利用に伴い排出されるGHGをカーボンオフセットすることができるクラウドサービスです。

　ユーザーは、GHG算定と削減に関する高度な専門知識を必要とせず、eコマース、自動車保険、旅行や航空券等を販売するウェブサイトに数行のコードを書き入れます。これにより、商品・サービスの提供に伴うGHGが自動的に算定されます。

　また、ユーザーは同量のGHG削減クレジットまたは再生エネ証書を購入することで、リアルタイムでGHG排出をオフセットしてサプライチェーン全体をカーボンニュートラル化することができます。

　カーボンオフセットは、風力、太陽光、バイオマスの再生エネや植林、間伐といった森林吸収等、さまざまなプロジェクトの中から選択することが可能です。

②GHG算定クラウドの開発・運用

　GHG算定クラウドは、GHGを簡単に算定し、表示することができるクラウドサービスです。SustineriによるGHG排出量の算定は、サプライチェーンGHG排出量を算定する国際的な基準のGHGプロトコルのscope3の算定・報告基準や環境省のサプライチェーンを通じたGHG排出量算定に関する基本ガイドラインに基づき行われます。

　企業は、このサービスを利用することにより脱炭素・低炭素に貢献できる商品やサービスを手軽に調達することができ、ESGやサステナビリティの観点から自社の商品やサービスを他社の製品やサービスと差別化することができます。また、販売する商品の環境への影響を見える化することで、より排出量の少ない商品の選択を促すことができます。

　SustineriのGHG算定クラウドは、少量の商品やサービスでも利用でき、商品・サービスの購入毎にリアルタイムでGHG排出量を算定し表示することが可能です。

（2）PaaSとサステナビリティ

❶ ソフトウェア開発とサステナビリティ

　クラウドの種類の1つであるPaaS（Platform as a Service）は、プラットフォームを使ってユーザーのシステム設計に沿う形でソフトウェアを開発するサービスを提供します。

　PaaSによるこうしたユーザーのソフトウェア開発において、サステナビリティの視点を織り込むことでエネルギー消費の節減等に結びつけることができます。

　その際、ユーザーはソフトウェアのパフォーマンスとクラウドの資源消費等のサステナビリティのバランスを考慮する必要があります。例えば、ユーザーがニーズにマッチした適切なコード言語を選択した場合にはエネルギー消費の節減効果が実現するとの試行結果もあります[7]。特に、クラウドに搭載されているAIに機械学習を実行した場合には、大幅なエネルギー節減効果を期待することができます。

CASE STUDY

👍 Amazon CodeGuru

　Amazon CodeGuru は、インテリジェントなレコメンデーションを提供するディベロッパーツールです。

　Amazon CodeGuruには、Amazon CodeGuru ReviewerとAmazon CodeGuru Profilerといった2つのコンポーネントがあります。

　このうちAmazon CodeGuru Reviewer は、機械学習および自動推論を使用して、アプリ開発中に重大な問題を特定し、推奨事項を提供します。

　また、Amazon CodeGuru Profiler はアプリの最も費用がかかっているコード行を特定、ディベロッパーは、コードの非効率性を特定して除去し、パフォーマンスを最適化することで運用コストを大幅に削減することができます。

❷ 再生エネビジネスへのクラウド提供

　クラウドのプラットフォームを通して、再生エネ事業者に対してさまざまなサービスを提供するケースがみられます。

CASE STUDY

👍 Aurora Solar

　Aurora Solarは、クラウドを活用したプラットフォームで、ソーラー発電の設置業者や資金提供の金融機関、電力会社のために、ソーラー発電の設計、稼働、マーケッティング等、ソーラー発電プロジェクトを一括請け負うことをビジネスとするスタートアップです。

　ソーラー発電の設置業者は、Aurora Solarのアプリを活用すると実際に設置場所をみることなく、正確にソーラー発電のデザインを作成することが可能となります。

　Aurora Solarが活用するテクノロジーには、自動PVシステムデザイン、ソーラー発電の候補となる遠隔地の評価を正確に実施するためのコンピュータビジョン、AIによる3Dモデリング等があります。このうち、自動PVシステムデザインのPV（photovoltaic）の文字通りの意味は、光起電力ですが、一般的に太陽電池や太陽光発電を意味します。

　多くの業者がソーラー発電の設置をサポートするアプリを提供していますが、Aurora Solarの特徴の1つは、人工衛星の画像を活用して高解像度でLIDAR（Light Detection and Ranging、レーザー画像検出と距離の測定）ベースのシェーディングアナリシスを実施している点です。シェーディングは、3次元コンピュータグラフィックスの描画処理の工程で、光の当たり具合から各画素の色を変化させ陰影を付けることを意味します。

　ソーラーパネルを設置する屋根とその環境は、築年、斜度、周囲の建築物等、区々です。Aurora Solarは、Google Street Viewを使って屋根の傾斜、屋根の幅、その他の距離を実測と同様の正確さで提供します[8]。

　Aurora Solarのアプリで推測したデータは、ほとんどのケースでNREL（The National Renewable Energy Laboratory、国立再生可能エネルギー研究所）が実測したデータとの間で許容誤差の範囲に収まっていることが実証されています。

👍 EVConnect

EVConnect（米）は、企業や自治体等に対してEV充電ステーション機器の調達、据え付けサービスを提供するスタートアップです[9]。

EVConnectは、EV充電ステーションのアクセス権や使用料金の設定、利用状況のモニタリング等、EV充電ステーションの運営、管理に関するクラウドプラットフォームを提供しています。

三井物産は、EVConnectに出資、また、三井物産とEVConnectはEV充電ステーションを起点とした新しいビジネスモデルの創出を目的とする業務提携契約を締結しています[10]。

❸ GHG関連データ処理

大手クラウドベンダーは、クラウドプラットフォームによりGHG排出量やカーボンフットプリントのデータ報告に関するサービスの提供に注力しています[11]。

CASE STUDY

👍 Google Cloud Platform

Google Cloud Platformは、クラウドにカーボンフットプリント報告のサービスを追加して、カスタマーがプロジェクトや製品、地域によるGHG排出量をリアルタイムでモニターすることが可能となるサービスを提供しています。

Google Cloudは、データセンターで急がないデータ処理については低炭素の電力源が豊富なタイミングにマッチさせて実施するカーボンインテリジェントプラットフォームを使用しています。

また、Google Cloudでは、GHG排出を2007年からカーボンオフセットによりカーボンニュートラルにしてきましたが、2017年からGoogle Cloudの稼働に必要な電力を100％再生エネで賄う形にしています。

さらにGoogle Cloudは、2030年までに、再生エネによる発電が十分でないときでもクリーンエネルギーで完全脱炭素を達成することを指向しています。

👍 Salesforce.com,Inc.

Salesforce.com,Inc. は、カリフォルニア州を本拠地とするクラウドソフトウエア（cloud customer relationship management（CRM）software）のベンダーで、グローバルクラウドのベンダーとして、各企業のネットゼロへの注力をサポートしています。

Salesforce は、2021年に100％の再生エネ使用を達成し、バリューチェーン全体（Scope3）においてもネットゼロとなったことを公表しました[12]。また、Salesforce は、自社が開発した Sustainability Cloud のソフトウェアを活用して、レポーティングに要する時間を6か月から6週間に短縮しています。

さらに、Salesforce は Sustainability Cloud 2.0 を開発しています。これは、Slack ベースのツール（社内・取引先コミュニケーションツール）で、ユーザーは、サプライヤーから排出量データ（Scope3）を収集してサステナブルビジネスを追求することや、気候変動がビジネスに及ぼす影響を管理するための予測やシナリオ設計、オンラインでのカーボンクレジット取引の設計等に活用することができます。

（3）IaaSとサステナビリティ

クラウドの種類の1つに IaaS（Infrastructure as a Service）がありますが、オンプレミス（自前のシステム）から IaaS に移行することにより、大幅な CO_2 削減効果を期待することができます。

こうした CO_2 の削減は、クラウドプロバイダーによる新鋭のコンピュータによる出力と冷却に使用するエネルギーの節減や、オンプレミスに比して数倍のコンピュータの使用効率によります。

また、クラウドでは、仮想化技術の活用により1台のサーバーに複数の仮想サーバーを集約することでサーバーの台数を削減して、消費電力を削減することができます。

なお、Accenture の調査によると、大手のパブリッククラウドプロバイダーは、オンプレミスのユーザーに比して平均65％のエネルギー消費を削減、84％の CO_2 を削減するとの結果となっています[13]。

コラム 🌲 仮想化技術

　クラウドセンターにはサーバーが設置されていますが、多くのクラウドには、サーバー仮想化技術が導入されています。

　サーバー仮想化は、仮想化ソフトウェアを実行することによって1台の物理サーバー（実際のサーバー）上に複数の仮想サーバーを集約して、1台の物理サーバーがあたかも複数のサーバーのように振る舞うことを可能とする技術です。

　すなわち、サーバー仮想化を導入しない場合には、ファイルサーバー、webサーバー、メールサーバー等、いくつものサーバーが必要となりますが、サーバー仮想化により1台の物理サーバーの上に複数の仮想サーバーを作成、稼働することができます。

　このように、サーバー仮想化により物理サーバーが持つリソースを複数の仮想サーバーに配分することが可能であり、物理サーバーの調達・保守コストの節減はもとより、電力使用の削減等、クラウドセンターの効率的な運用が実現します。

第3章

サステナビリティ×
オンラインプラットフォーム

① オンラインプラットフォームのコンセプト

　オンラインプラットフォームは、オンラインを活用して研究開発や製品・サービスのやり取りを機能的、効率的に行う場です。なお、プラットフォームの構築、運営主体となるプレーヤーをプラットフォーマーと呼んでいます。

　また、複数のメンバーがプラットフォームを介して、各自が持つ技術等を活用して製品・サービスを授受することによりシナジー効果が発揮され、価値が創造されるビジネスをプラットフォームエコシステムと呼んでいます[1]。

　プラットフォームは、基盤型と媒介型に分類されます[2]。

（1）基盤型プラットフォーム

　基盤型プラットフォームは、ネット上でEC市場、検索エンジン、SNS、アプリ市場、決済システム等に関わるソフトウェアを動かす基盤を指します。

　基盤となるプラットフォームと補完製品となるソフトを一緒に利用することにより、期待された機能が発揮されます。

（2）媒介型プラットフォーム

　媒介型プラットフォームは、製品・サービスの提供者とユーザーとの間や、ユーザーとユーザーとの間の取引、情報交換の媒介の機能を果たすプラットフォームです。すなわち、媒介型プラットフォームは、財・サービスの提供者とスマホユーザーとの間を結びつけて、両者のマッチングを促進するといった機能を果たしています[3]。

　スマホを介した取引形態を分類すると、企業対企業（B to B）、企業対企業対消費者（B to B to C）、企業対消費者（B to C）、消費者対消費者（C to C）の4類型に分けることができます（図表1）。

【図表1】スマホ関連サービスの取引形態の4類型

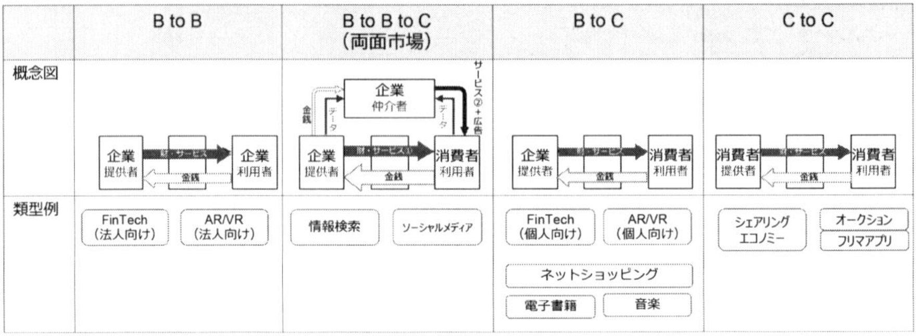

(出所)総務省「スマートフォン経済の現在と将来に関する調査研究の請負報告書」
委託先みずほ情報総研 2017.3

　オンラインプラットフォームは、企業が展開するビジネスの効率化向上に資し、また、顧客からのアクセスを増やす効果があります。

　また、プラットフォームは、企業が抱える課題に対してスタートアップをはじめとする外部の企業がさまざまなアプリを構築して提供する場となります。

　APIやクラウドを駆使したプラットフォームを通じて、さまざまなプレーヤーのアイディアや技術が業界の垣根を越えて共有され、そこから革新的なイノベーションが生まれることになります。

② オンラインプラットフォームとサステナビリティ

　さまざまな主体が、気候変動対応のファイナンスや環境関連の技術開発等において協働することにより、取引・探索・機会コストを削減しながら効率的にビジネスを展開するニーズを持っています。

　オンラインプラットフォームは、こうした気候変動に対応する諸施策に必要となる資金や環境関連技術の需要と供給のミスマッチを回避して、各主体のニーズをシステマティックに充足するエコシステムの構築に大きく貢献しています。

　また、オンラインプラットフォームのなかには、単なる需要と供給の橋渡し的な機能のほか、AI、機械学習を活用することによりその仲介機能を高度

化する等、付加価値のあるサービスを提供するケースもみられます。

（1）プラットフォーマーによる脱炭素に向けてのサポート

　国際機関がプラットフォーマーとなり、世界規模で再生エネを普及、促進を図るケースがあるほか、プラットフォーマーがプラットフォームのユーザーから、エネルギーの使用状況に関わるデータを収集して、それをもとに脱炭素に向けてのサポートを実施するケースがみられます。

CASE STUDY
👍 IRENA

　IRENA（The International Renewable Energy Agency、国際再生可能エネルギー機関、アイリーナ）は、再生エネへの移行を進める国をサポートし、また、再生エネに関する政策、技術、資源、ファイナンスの情報等を交換する国際協力のためのプラットフォームを運営する国際機関で、日本を含む167カ国が加盟しています[4]。

　IRENAが推進する再生エネは、バイオマス、地熱、水力、洋上、太陽光、風力等による発電で、各国の再生エネのサステナブルな開発、再生エネへのアクセス、再生エネのセキュリティ、低CO_2の経済成長をサポートします。

　IRENAは、再生エネマーケットの透明性と流動性の向上によるプロジェクトへの投資促進を目指してオンラインプラットフォームを構築して、サステナブルエネルギーマーケットを運営しています。当初、このマーケットはアフリカ地域を対象としていましたが、さらに、ラテンアメリカやカリビアン諸国、さらにはアジア、東欧、SIDS（Small Island Developing States）の開発途上国にも拡大されています。

　その後、IRENAのサステナブルエネルギーマーケットは、Green Climate Fund、IRENA、SEforAll（Sustainable Energy for All）、UNDP（United Nations Development Programme、国際連合開発計画）が協働して設立したCIP（Climate Investment Platform）に移管されています。

　IRENAのオンラインプラットフォームの参加者は、再生エネプロジェクトのディベロッパー、オーナー、投資家に加えて、金融・リーガル面のサービ

ス提供者や、再生エネ設備のエンジニア、建設技術者、運営・メンテナンス技術者等、広範に亘っています。

　IRENAのオンラインプラットフォームは、再生エネプロジェクトのディベロッパーと投資家との間を結びつける機能だけではなく、再生エネプロジェクトの質的向上と開発の円滑化を目的に次の役割を担っています[5]。

①プロジェクトのディベロッパーのために最適な開発指針を提供。

②世界中で、再生エネの各カテゴリー別にプロジェクトの開発に適切な場所に関するデータをディベロッパーや政策当事者、投資家に提供。なお、IRENAはこの機能をThe Global Atlas for Renewable energyと呼んでいます。

③IEA（The International Energy Agency、国際エネルギー機関）とIRENAのデータベースとが協働して、再生エネに関する国別の政策、規制をプラットフォーム参加者に提供。

④太陽エネルギー標準化イニシアティブ（Solar Energy Standardization Initiative）がプラットフォームを使って太陽光発電の開発とファイナンスに関する情報を提供。

　再生エネプロジェクトのディベロッパーと投資家とのマッチングは次の手順で行われます。

　まず、プラットフォームにアクセスするために、プロジェクトのオーナーや資金提供機関、サービス・技術提供者は、プロファイルを示す必要があります。このうち、プロジェクトのオーナーは少なくとも1つのプロジェクトを、また、投資家は資金提供手段を明らかにすることが登録要件となります。プロジェクトの規模については特別の要件はありませんが、1MW〜50MW、US$1百万〜100百万が望ましいとされています。

　IRENAによりプロジェクトが承認されると、登録したユーザーはすべてのプロジェクト、資金提供、サービス・技術を閲覧することができます。これにより、投資家は投資機会を見出すことができ、プロジェクトディベロッパーはプロジェクト推進のために資金提供機関やサービス・技術提供者にアク

セスすることが可能となります。

　なお、最初のコンタクトがなされた後の交渉はプラットフォーム外で直接行われることが大半であることから、IRENAはマッチングが最終的に成功裏に行われたか否かを追跡することはしない、としています。

👍 METRON

　フランスのMETRONは、企業がエネルギー使用のパフォーマンスを最適化し、脱炭素に向けての施策をサポートするプラットフォームを提供しています。

　企業は、APIを通じて企業のITエコシステムとMETRONのプラットフォームを接続することにより、企業の経営陣から現場の作業員まで、すべてのステークホルダーがエネルギーの使用状況のデータを取得することができ、その改善に注力することができます。

　METRONが提供するプラットフォームは次の2種類です。

❶ METRON Enterprise

　METRON Enterpriseプラットフォームは、企業が複数のグループ企業を傘下に持ち、各拠点にいくつかの工場を持つ場合に、そうした工場におけるエネルギー使用に関わるすべてのデータとその最適化を統合して提供する機能を発揮します。

　これにより、経営陣は、ワンクリックですべての工場のKPIの達成状況を把握することができ、ベストのパフォーマンスを基にしてグローバルな脱炭素の動きに足並みを揃えて効率的にエネルギーパフォーマンス戦略を遂行することができます。

　METRON Enterpriseプラットフォームは、企業に次のサービスを提供します。

i　エネルギー使用のパフォーマンスのモニタリング
ii　グループ全体のカーボンフットプリントの削減とコストの最適化についてのレポート作成

iii　工場毎のパフォーマンスの比較

iv　ベストプラクティスの把握と、それをすべての工場に採用

v　工場毎に策定したエネルギー使用パフォーマンスの目標達成のサポート

vi　経営陣と現場の作業チームとの間でグループのエネルギー戦略の策定、実行、管理

❷ METRON Factory

　METRON Factoryプラットフォームは、各工場のデータを収集、蓄積して管理者に対して脱炭素に関わる最適の施策を提供します。

　具体的には、次の6つの機能を持ちます。

i　カーボンフットプリントのモニタリング

ii　エネルギーコストの削減（データの分析によりエネルギー効率の最適化の解を提案）

iii　エネルギー使用のパフォーマンスに関わるレポートを自動作成

iv　エネルギー関連データの透明性向上（いつでもどこでもデータにアクセスして、リアルタイムでKPIの評価が可能）

v　ISO500001コンプライアンス（新エネルギー効率化規則適応へのサポート）

vi　現場チームの脱炭素への参加意識の向上（統合モニタリングエコシステムのシェア）

　また、METRON FactoryプラットフォームにMETRONのアプリ EnergyLabを組み込むことにより、エネルギー使用のパフォーマンスに大きな影響を与えるパラメータを把握して、先行きのエネルギー使用状況の予測やエネルギー使用の不規則性を把握することが可能となります。

（2）環境技術開発ファイナンスとオンラインプラットフォーム

　環境関連の技術開発を手掛けるスタートアップが数多く出現していますが、こうしたスタートアップが直面する課題は、ファイナンスです。

オンラインプラットフォームは、クリーンテクノロジーを展開する企業と投資家等を結びつける重要な機能を担っています。

CASE STUDY
👉 Cleantekmarket

Cleantekmarket（豪）は、環境技術開発のスタートアップ、投資家、プロジェクトディベロッパー、サービスプロバイダーのマッチングによりグローバルエコシステムを構築して、環境技術開発への投資を促進することを目的とするオンラインプラットフォームです[6]。

Cleantekmarketのパートナーには、国際NGOのWWF（World Wide Fund for Nature、世界自然保護基金）豪支部、国連のWIPO（World Intellectual Property Organization、世界知的所有権機関）Green、Asia Pacific Biogas Alliance、豪再生エネ庁、マッキンゼー、KPMG等がパートナーとして参加しています。

そして、30カ国から1千以上のプロジェクト、7千以上のユーザーがCleantekmarketのプラットフォームを使っています。

Cleantekmarketは、次の機能を持ったプラットフォームエコシステムを構築しています。

①プラットフォームに有力なクリーンテック企業を掲載することにより透明性の向上を指向する。
②複数の小規模プロジェクトを一つに集めたSPV（special purpose vehicle、特別目的ビークル）を形成することにより機関投資家の投資対象になるような大きさの規模にする。
③プラットフォーム上での取引についていくつかの基準に照らすことにより格付けを行って情報の非対称性を除去する。

Cleantekmarketのプラットフォームが扱うプロジェクトは、再生エネのほか、廃棄物処理、水資源の浄化、蓄電装置、気候変動とCO_2対策、クリーン運輸があります。

投資家は、プラットフォームを使って株式、貸付、寄付の形でクリーンテック企業に資金提供することができます。

Cleantekmarketのプラットフォームの特徴は、先進的なアルゴリズムと機械学習によりクリーンテックやプロジェクトディベロッパーと投資家、エンドユーザー、アドバイザー等を結びつけて、クリーンテックを専門とする企業間の技術開発に関わる情報交換やクリーンテック企業と投資家の間をマッチングする機能を具備していることです。

先進的なアルゴリズムは、Cleantekmarketのテクノロジーの基盤となるもので、ユーザーに対して効率的に情報を提供したり、ディベロッパーと投資家のマッチングを円滑化する等、高度なデータマネジメントの機能を発揮します。

また、機械学習は、個々のユーザーの動向からパターンを見出して、ユーザーがどのような情報や取引を望んでいるかを予測します。こうした機能は、ユーザーベースが拡大するにつれて向上します。そして、パターンから収集したデータは、プラットフォームでのユーザーの動向をベースにして、ユーザーの信頼度を決定する材料として使用されます。

（3）スマホとオンラインプラットフォーム

オンラインプラットフォーマーには、ゲーミフィケーションの要素を取り入れて多くの個人に魅力を持ったアプリを創出するとか、環境保全の推進に前向きな企業を参加者に組み込む等、イノベーティブなグリーンプラットフォームを構築するケースが少なくありません。

CASE STUDY
👍 アントフォレスト

アリババ（阿里巴巴）傘下のアントグループ（螞蟻科技集団）が開設しているアリペイ（支付宝）は、中国を代表するデジタル決済プラットフォームで、アリペイのアプリは10億人を超えるユーザーを擁しています。

アリペイは、アプリの中で動くミニアプリの形で、ユーザー参加型の植樹プログラム「アントフォレスト」（Ant Forest、螞蟻森林）を展開しています[7]。

　アントフォレストは、フィンテックとソーシャルメディアを融合した消費者活動を通じた大規模なボトムアップグリーン化プロジェクトであり、環境保全という重要な役割を発揮するとともに、顧客のアリペイへのロヤリティを高めて顧客を繋ぎとめるといった重要な効果を発揮しています。

　アントフォレストは、次のような仕組みで多くのユーザーの間にプロジェクトを普及、拡大しています。

　アリペイアプリのユーザーは、まず植樹したい木を選択します。小さな木の苗木はCO_2削減必要量が17,900g、大きな木の苗木は215,680gとされています。

　そして、ユーザーが、低炭素でエコフレンドリーな行動を選択すると、アプリ内に搭載されているプログラムであるアントフォレストのポイントを獲得することができます。

　なお、アリペイは、ユーザー向けにCO_2を管理するカーボン口座を開設できるサービスを提供しています。これにより、ユーザーは、日常生活から排出しているCO_2排出量を把握、管理することが可能となります。

　ユーザーが、アントフォレストのポイントを獲得することができるエコフレンドリーな行動には、例えば次のようなケースがあります。

・通勤に自家用車ではなく地下鉄やシェア自転車を利用する。
・水道光熱費の支払いをペーパーレスのオンライン決済とする。
・フードデリバリーに使い捨てのフォークを付けず、また、プラスチック包装をしない。
・アリババの中古品取引プラットフォームを使って中古品リサイクルを購入する。
・アントフォレストへの参画企業である家電メーカーやスーパーマーケット、レストランチェーン、宅急便等で、ユーザーがエコフレンドリーな家電を購入したり、スーパーでレジ袋不要とする、リサイクルの小包箱を活用した宅急便を選択する。なお、アントフォレストには、スターバックス等のグローバル企業を含む100社を超える企業が参画しています。

　仮想空間で木を育てるグリーンエネルギーポイントと呼ばれるポイントは、CO_2の削減量に応じて付与されます。

　ユーザーは、低炭素でエコフレンドリーな行動によって蓄えたグリーンエネルギーポイントによりスマホ上でバーチャルな木を植えて育てることができ、顧客満足度の向上に繋ります。

　アプリはソーシャルゲーム性を持っていて、ユーザーは自分の友人のポイント保有状況をチェックして友人とポイント獲得競争をするとか、ユーザーの友人同士で互いのバーチャルな木に水やりをすることによりポイントのやり取りをする等、遊び心で環境保全に寄与することができます。

　ユーザーが植えたバーチャルな木が十分の大きさまで育つと、アリペイは提携パートナーのNGO等と協力して、ユーザーに代行する形で森林再生が必要な中国北西部の砂漠化した地域に植樹を行うことにより、バーチャルの木を本物の樹木に代えることになります。

　なお、ユーザーは、森林再生が必要とされる地域内でユーザーが植樹する地点を特定・選択することができます。こうした植林は、それに従事する労働者の雇用や農民の所得を増加させるといった副次的な効果を生んでいます。

　ユーザーには、植林した木の番号を示す証明書が発行され、ユーザーは、毎日、スマホに配信されてくる衛星映像で自分の植えた木の生育状況やその周辺のグリーン化をリアルタイムでモニターすることができます。

　ユーザーは、ポイントを植林活動だけでなく気候変動によって危機に直面している野生動物の保護等、生物多様性の保全の取り組みを行っている環境団体に寄付することも可能です。

　また、2022年にはポイントをバーチャルな海藻やアマモ（eelgrass）等の水生植物に換えることにより、海洋エコシステムの保全プロジェクトに寄付することも可能としています[8]。

　アントフォレストには、発足から2021年までの5年間で6億人を超えるユーザーが参加し、326百万本を超える植樹が行われ、中国の民間で行われている最大の植樹プロジェクトとなっています。

　このように、アントフォレストは、幅広い消費者が進んでエコフレンドリーな行動をとる（Green participation for all）ドライバーとして機能しています。

アントフォレストは、デジタルテクノロジーを活用した環境問題への取り組みが評価されて、2019年に国連から最高の環境賞であるチャンピオン・オブ・ジ・アース賞（The Champion of the Earth Award）とグローバル気候アクション賞（The Global Climate Action Award）を受賞しています。

こうしたアリペイのアントフォレストモデルの成功は、他国にもインパクトを与え、例えばフィリピンで代表的なスマホ決済プラットフォームを提供しているGCashは、アントフォレストとの技術提携によりアプリにGCashフォレストを導入して、ユーザーに対してアントフォレストと同様のサービスを提供しています。

（4）環境リスク対応策提供プラットフォーム

企業が環境リスクに適切に対応するためには、リスクの予測とその対応、さらにリスク発生による被害の補填等の諸施策を講じる必要があります。

そうしたさまざまな環境リスク対策をオンラインプラットフォームにより総合的に提供するケースがみられます。

CASE STUDY
👉 CelsiusPro

CelsiusProは、プラットフォームにより先進のテクノロジーとソフトウエアを活用した環境リスク分析、気候変動や自然大災害（natural catastrophe）に対応する商品・サービスの開発、リスク移転、レポートの作成サービス等、環境リスクに関わる総合的なソリューションを提供するスイスのInsurtech（insurance+technology）企業です[9]。

❶ ビッグデータプラットフォーム

環境データは、天候リスク対応の保険マーケットにとって、カギとなる要素です。

CelsiusProでは、天候リスク管理のヘッジや保険・再保険に活用するパラメトリックリスクの移転トリガー形成とモニタリングを行う最新のビッグデータプラットフォームを構築しました。ビッグデータプラットフォームでは、

最先端のテクノロジーを活用して世界の環境データを分析することが可能です。

このシステムには、世界の30の地域における地震、サイクロン、洪水、山火事、植物の生育等、20種類を超える気象や環境に関するデータが蓄積されています。

CelsiusProのユーザーは、こうしたデータセットにアクセスして、パラメトリック保険商品等の価格付けや決済に活用することができます。

❷ 各種ユーザーへのサポート

CelsiusProが対象とするユーザーは、保険会社、企業、政府関係機関等で、気候変動に大きな影響を受ける農業関係者に対しても重点的にさまざまなサービスを提供しています。

i 保険会社のパラメトリック保険

CelsiusProは、保険会社に天候、自然災害、農業関連のパラメトリック保険商品のデジタル化のノウハウを提供しています。

具体的には、データの収集ツール、価格付け、保険契約管理、決済から気候や自然災害のモニタリングまで、保険会社のフロントからバックの業務すべてに亘るソリューションを提供しています。

なお、パラメトリック保険は、気温、雨量、風速、震度等の指標（パラメータ）があらかじめ設定した値に達した場合に保険金が支払われる保険です（下記コラム参照）。

CelsiusProのパラメトリック保険スキームは、公式の気候観測所や気象衛星等、独立した第3者が提供するデータに基づくものです。CelsiusProでは、ビッグデータや先進のテクノロジーを活用して天候やカタストロフィーリスクに関わるより優れたパラメトリックトリガーや指数を構築する予定です。

パラメトリック保険は、デリバティブのオプションと似ていますが、パラメトリック保険は実需をバックとしたヘッジ取引のみ契約が可能で、スペキュレーションに使うことはできません。

CelsiusProが提供するクラウドベースのソフトウエアは、保険業者が伝統

的な保険をデジタル化して、気候変動インデックスやパラメトリックな自然大災害保険の導入をサポートします。

ⅱ　農業保険

　建設、エネルギー、旅行、運輸、農業、小売り・卸等のビジネスは、天候不良により多額の損失を被るリスクがありますが、特に農業は、さまざまな気候リスクの影響を受けます。

a. 降雨

　農業にとって、降雨は農産物の生育に不可欠の要素です。

　CelsiusProのパラメトリックソリューションを活用したEmergence Weather Certificate（短期の降雨不足）やEmergence Plus Weather Certificate（長期の降雨不足）により、こうしたリスクをヘッジすることができます。

　なお、Weather Certificateは、パラメトリック保険証書を意味します。

b. 霜

　農産物を霜害から守るために降霜が発生しやすい3、4週間のリスクをカバーするFrost Aid Weather Certificateにより、リスクをヘッジすることができます。

c. 契約不履行

　季節の前半、農作物の生育が順調であったことから、後半にそれを販売することを業者と契約していたところ、予想に反して干ばつのために不作となり、契約を破棄するといったリスクがあります。

　CelsiusProは、こうしたリスクをヘッジする商品として、Wash Out Protection Weather Certificateを提供しています。

d. 春季の降雨不足

　春季の降雨は、作物の生育にとって極めて重要です。CelsiusProでは、そ

207

の時期に降雨不足が長い期間に亘り続いた場合のリスクヘッジとして、Yield Shield Weather Certificate を提供しています。

e. 収穫期の降雨

　収穫期に大量の降雨があるような場合には、せっかく順調に生育してきた農作物の品質が劣化する恐れがあります。

　CelsiusProでは、そうしたリスクヘッジのために Harvest Aid Weather Certificate を提供しています。

❸ パラメトリック自然大災害保険

　自然大災害の発生の場合には、被災者は一刻も早く支援を受ける必要があります。CelsiusProでは、地震やサイクロンが発生の時に、被災者が逸早く保険金を受け取ることができるパラメトリック緊急保険を提供しています。

　こうしたパラメトリック保険で引き受けるリスクは、再保険市場に移転されます。

　CelsiusProは、パラメトリック保険の設計、価格付け、保険契約の実行と決済を行います。

　CelsiusProのパラメトリック地震保険は、地震のスペクトル最大加速度（Peak Spectral Acceleration、PSA）と地動最大加速度（Peak Ground Acceleration、PGA）がトリガーとなります。

　また、CelsiusProのパラメトリックサイクロン保険は、最大風速とその半径がトリガーとなります。

　CelsiusProでは、こうしたパラメトリック緊急保険は、保険会社や政府機関、マイクロファイナンス会社等に活用される、としています。

❹ 環境モニタリングシステム

　CelsiusProの環境モニタリングシステム（Environmental Monitoring System、EMS）は、アナリストやリスクマネジャー、保険金請求処理担当者等が、オンラインでプラットフォームにある気候、作物の生育状況、カタストロフィーデータにアクセスして、リスク分析等を行うことができるシステムです。

EMSのプラットフォームは、最新の気候等のデータとヒストリカルデータを比較、分析することができるよう、設計されています。

また、ユーザーが指定した特定の地域について、リスクが一定の水準をオーバーした時に警告を発する機能も具備しています。

さらにEMSは、ユーザーのニーズに沿ってカスタマイズされた天候等のリスクに関わるレポートを自動作成します。

コラム 🌲 パラメトリック保険

①パラメトリック保険のコンセプト

パラメトリック保険は、地震の強度とか台風の風速等のパラメータ（指標）が、保険契約で定められた一定の値に達した場合に保険金が支払われる保険で、インデックス保険とも呼ばれています。パラメトリック保険のパラメータは、気象庁等の第3者の独立機関が提供するデータを使用します。

パラメトリック保険では、保険会社により被保険者がどれだけ被害を受けたかの損害調査がなく、パラメータに基づいて保険金が支払われることから、実質的にはデリバティブに類似した商品であるということができます。

もっとも、パラメトリック保険は、被保険者が実際に損害を被るリスクを負っていることが必要ですが、デリバティブ取引においては、投機の要素が入る余地があります。また、パラメトリック保険は、保険業法に基づく保険商品であり保険業者だけが扱うことができますが、デリバティブではブローカーやディーラーが扱うことが可能です。

②ベーシスリスク

通常の災害保険は、災害が発生すると実際にどれだけ損害が発生したかを保険会社が調査して、その査定に基づいて支払保険金の額が決定されます。

しかし、パラメトリック保険では、パラメータが一定水準になったらあらかじめ定められた額の保険金が支払われます。

したがって、被保険者が実際に被った損害額とパラメトリック保険で支払

われる保険金との間に相違が発生するベーシスリスクがあります。

パラメトリック保険では、このベーシスリスクをいかに小さいものとするか、パラメータと支払保険金との間に強い相関関係があるスペックに設計することが重要となります。

なお、CelsiusPro は、天候デリバティブや気候リスク管理商品の構築・提供から、先進的な指数ベースやパラメトリックリスクの移転ソリューションのテクノロジーへとビジネスを展開しています。

こうした展開によって、テクノロジーの進歩により天候リスク管理やパラメトリック保険のトリガーが顧客のニーズに合わせてカスタマイズすることができ、保険金の支払いがより迅速となり、リスクをカバーする範囲も顧客が望むニーズに応えることができる等、より優れたリスク移転商品を構築することが可能となり、ベーシスリスクの極小化に資することが見込まれます。

③分散型パラメトリック保険 [10]

ブロックチェーンの特性とスマートコントラクトを活用して、分散型パラメトリック保険のスキームが構築、提供されています [11]。

ⅰ 分散型パラメトリック保険の特徴

分散型パラメトリック保険の特徴は、データドリブンであることと、スマートコントラクトの活用、それに保険金の自動支払いにあります。

すなわち、保険金は、外部の組織から入手した正確なデータに基づいて、人の手を介することなく自動的に支払われます。したがって、多大なエネルギーとコストを必要とする保険評価のプロセスを排除することができます。

また、スマートコントラクトは、保険会社と被保険者の契約で、保険契約の期間、震度・雨量等のインデックスや、インデックスが測定される場所、保険金が支払われるパラメータの一定の値、保険金の額、保険金支払いの際の被保険者のウオレットアドレスや ID 等の詳細が含まれます。

こうしたスマートコントラクトは、多数のノードが結びつけられているブロックチェーン上に蓄えられることから、詐取や改ざんのリスクが回避されます。

　また、保険金の支払いは、被保険者が損害の記録を提供して請求する必要はなく、スマートコントラクトにより支払いが必要であるとすれば、保険契約の一環として自動的にトリガーが働き支払いが実行されます。

　このプロセスでは、ブロックチェーンによりダイレクトに被保険者に支払われることになりますが、スマートコントラクトと外部の支払プロセッサー等が接続されているような場合には、そうしたルートで行うことも可能となります。

ⅱ　分散型パラメトリック保険の構築

　分散型パラメトリック保険のデータドリブン、スマートコントラクト、保険金の自動支払いの３つの特徴をベースにした分散型パラメトリック保険の構築プロセスを具体例でみることにします[12]。

設例：パラメトリック収穫保険

・ある地域において、ある期間の中で３日間、降雨がない場合に、保険会社は被保険者にあらかじめ定めておいた金額を支払う内容のパラメトリック収穫保険契約を締結。

・降雨のデータは、ある地域の２か所の気象観測所から入手して、その平均をとる。

・支払いは、あらかじめ定めておいた米ドルの金額に等しい仮想通貨 ETH（イーサリアム）で行う。米ドル額に等しい ETH の算出は、Chainlink の ETH/USD Price Feed を使用して行う。なお、Chainlink は、ETH の取引を行う分散型ブロックチェーンオラクルネットワークです。

【図表2】分散型パラメトリック保険のスキーム

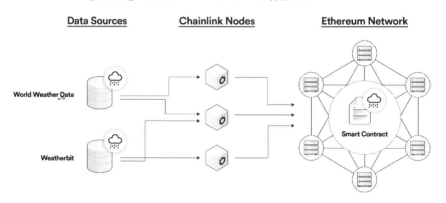

（出所）Harry Papacharissiou "How to Build a Parametric Insurance Smart Contract" Chainlink 2020.12.15

④東京海上日動火災保険の震度連動型地震諸費用保険

　東京海上日動火災保険は、2021年3月から被保険者が居住する地域で観測された震度に応じて定額の保険を迅速に支払うパラメトリック保険（インデックス保険）を震度連動型地震諸費用保険（地震に備えるEQuick保険）の名称で提供しています[13]。このEQuick保険は、国内で販売される最初のパラメトリック保険です。

　また、デジタル技術の活用により、被保険者は、保険の申し込みから保険金の受け取り手続きまで、スマホで完結することができます。

　この保険は、地震発生後、東京海上日動火災は、家屋等の損害状況を確認することなく、気象庁が公表する市区町村単位の震度データに基づいて支払対象となる契約を特定し、震度に応じて保険金の支払い手続きを開始することから、被保険者は、地震発生から最短3日で保険金を受け取ることができる、としています。

　具体的には、被保険者が居住する地域で地震が発生すると、速やかに東京海上日動火災から被保険者のスマホにメールが届きます。これに対して被保険者は、住所や保険金受け取り口座が正しいか確認して返信メールを出します。これにより最短3日で被保険者が指定した口座に保険金が振込まれます。

　なお、地震発生後、72時間以内に確認がとれない場合には、東京海上日動火災は契約時の内容に基づいて支払いを行います。

　EQuick保険は、被災直後の当座の生活資金の確保を目的として保険金額も地震保険に比べて少額に設定されており、被災者の生活再建を目的とした地震保険の機能を補完する商品として位置づけられます。

　東京海上日動火災が行ったアンケートによると、被災直後に必要となった費用には、次のようなものがあります。

・避難先で暮らすための一時的な備品・日用品・消耗品等
・自宅が被災して、車中泊を余儀なくされた時のための車のガソリン代
・子供を遠方の親戚宅に一時避難させるための交通費・生活費
・屋根の瓦がずれて、ブルーシート養生等を行う際の応急処置費用

【図表3】東京海上日動火災保険のEQuick保険の商品概要

項　目	内　容			
加入対象者	20歳以上の個人			
保険金の支払条件	被保険者の住居が所在するエリアで震度6弱以上の地震が発生した場合			
販売開始年月	2021年3月			
保険期間	1年			
保険料払込方法	クレジットカード払（一括払）			
契約プラン	以下の3パターンから選択			
	プラン	プレミアム	スタンダード	エコノミー
	震度毎の保険金額　7	50万円	25万円	20万円
	6強	20万円	10万円	5万円
	6弱	10万円	5万円	―
	保険料	9,600円	4,800円	2,400円

(出所) 東京海上日動火災保険「国内初、震度連動型地震諸費用保険
（地震に備えるEQuick保険）の販売開始」2020.3.9

第4章

サステナビリティ×
クラウドファンディング

① クラウドファンディングのコンセプト

クラウドファンディング（crowdfunding）は、仲介事業者が設置したオンラインプラットフォームを活用して、多くの資金提供者から資金需要者へ資金提供が行われるファイナンス手法をいいます。そして、フィンテックベンチャー等がこのプラットフォームを提供する仲介事業者となります。

クラウドファンディングは、銀行や証券会社が間に入らないことから、低コストでのファンディングが可能になるといったメリットがあります。

また、インターネットを活用することにより、多くの資金提供者から資金を集め、また、資金提供者のニーズを汲み取って、それをプロジェクトに反映させることができます。

日本におけるクラウドファンディングは、東日本大震災後の募金運動に活用されたことから多くの人々の知るところとなり、その後、資金使途は、ベンチャー企業の研究・開発、ソフトウェアの開発、映画の制作からアーティストのサポート、災害救援、防災事業、グリーンファイナンスへとさまざまな分野に広がりをみています。

② クラウドファンディングの種類

クラウドファンディングは、資金提供者に対するリターンの有無、種類によって金融型、購入型、寄付型、選択型の4つに大別されます。

(1)金融型：金銭的リターンを得るタイプ

リターンの種類によって、次のように分類されます。

①投資型：利益が出た場合に配当を支払うタイプ。投資型には、ファンド型と株式型があります。

　ⅰ　ファンド型：資金調達者が資金提供者の出資金を活用して事業を行い、資金提供者に分配金を支払うパターン。

　ⅱ　株式型：資金提供者が資金調達者に資金拠出するのと交換に株式を受け取る形で資金を提供し、配当を受けるパターン。

②融資型：資金提供者が融資し、元利金を受け取るタイプ。金利はなく元金だけ返済を受けるパターンもあります。融資型はソーシャルレンディングとも呼ばれます。

　フィンテックによる融資カテゴリーとして、P2Pレンディング、マーケットプレイス貸出、バランスシート貸出があります。

　ⅰ　P2Pレンディング（Peer-to-Peerレンディング）：フィンテックベンチャーがオンライン上でプラットフォームを提供して、それを介して借り手と貸し手が融資を行うパターン。

　ⅱ　マーケットプレイス貸出：フィンテックベンチャーが提供するプラットフォームをマーケットプレイスと呼ぶことから、こうした名称となっています。基本的に、P2Pレンディングと同義。

　ⅲ　バランスシート貸出：フィンテックベンチャーが単にプラットフォームを提供するだけではなく、自らが借り手となって投資家から資金を集めて、その資金を借り手に貸し出す融資カテゴリー。この場合には、フィンテックベンチャーのバランスシートの貸借に計上されることから、こうした名称となっています。

（2）購入型

　資金提供者が資金拠出の対価として商品やサービス、制作に参加する権利等を取得するパターン。eコマースに属するタイプで、報酬型とも呼ばれます。

（3）寄付型

　リターンがない寄付行為のパターン。寄付型では、資金提供により環境保全、被災地支援、難病患者支援、芸術、スポーツ活動、新興国支援等、社会貢献を行ったという満足感が得られ、金銭面だけではないやりがいを得ることができます。

　支援者は、プロジェクトへの貢献を資金提供の形で行い、資金調達者から支援者に資金の活用状況等を知らせるニュースレター等が送付されます。

（4）選択型

　投資家に対して、株式投資をするか融資をするかの選択肢を提供するタイプ。

③ クラウドファンディングのプロジェクトの選別

　クラウドファンディングにより資金の募集を要望するプロジェクトには、質の悪い案件も混在する可能性があり、プロジェクトの選別が極めて重要となります。

（1）フィンテックによるリスクの把握

　フィンテックのテクノロジーは、各種のデータを統合して的確にリスクを把握するといった大きな強みを持っています。

（2）資金提供者によるプロジェクトの選定

　プロジェクトの内容がウェブサイトに掲示されると、不特定多数の人がこれを閲覧して、そのプロジェクトに資金提供するかどうかを判断します。その過程で閲覧者が疑問に思ったことをウェブサイトを通じて質問し、これに資金調達者が答えるといったことも行われています。また、プロジェクトの資金調達額の動向は、ほぼリアルタイムでウェブサイトに掲示されることが一般的であり、資金提供者は当該プロジェクトの人気度をみながら資金提供するかどうかを判断することができます。

④ サステナブルクラウドファンディング

（1）サステナブルクラウドファンディング・プラットフォーム

　フィンテックとサステナビリティとの組み合わせが最初にみられたケースの１つにクラウドファンディングがあります。

　実際のところ、クラウドファンディングは、もとはと言えば金銭的報酬は無い創造的、社会的なセクターが資金調達をするプラットフォームを起源としています。しかし、サステナビリティとクラウドファンディングとの直接の結びつけについて注目されたのは比較的最近のことです[1]。

　サステナブルクラウドファンディング・プラットフォームは、証券市場や金融機関からの伝統的な資金調達方法に比べて、サステナブル企業に、容易で迅速な資金調達を可能とします。

　サステナビリティを指向する起業家が直面する大きな課題は、その目的を追求するための資金をいかに調達するかです。こうした起業家は、利益を上げることを一義的な目的としていないことやサステナブルプロジェクトが先行き成功するかどうかの不確実性の高さにより、ややもすれば投融資サイドからみて魅力に欠けるプロジェクトとなります[2]。

　また、サステナブル起業家の多くは十分のビジネス経験が無く、したがって金融機関との取引実績も乏しいことから、伝統的な資金調達手段ではなく代替的な手段を見出すことが必要となりました。

　そこで、サステナビリティのコンセプトに賛同する個人やベンチャーキャピタリスト、エンジェル投資家（business angel）等から資金を調達するクラウドファンディングが、伝統的なファイナンスに代わってサステナビリティの目的を追求するために格好のファイナンスチャネルとなりました。

　実証研究によれば、クラウドファンディングへの資金提供者の多くは、ビジネスプランや担保にさしたる関心はなく、プロジェクトの背後にあるアイディアやプロジェクトにより創造・保全される中心的な価値（core value）に注目しており、その意味では環境・社会の改善を軸とするイニシアティブとクラウドファンディングの相性は良い、との結果が出ています。

　このように、利益追求よりもサステナビリティを推進したいとするサステ

ナブル起業家の意思を映じて、クラウドファンディングは、伝統的な資金調達手段に比べて潜在的な資金供給者の関心を幅広く呼ぶことになりました。

　また、投融資を行う資金提供者は、クラウドファンディングによりオルタナティブマーケットにおいてサステナブル投資を行うことで、ポートフォリオの分散化効果を期待することもできます。

（2）サステナブルクラウドファンディングの特徴

　サステナブルクラウドファンディングには、次のような特徴がみられます。

❶ 資金調達者と資金提供者との間の強固な関係構築

　サステナブル起業家は、プロジェクトの性格から商業的なプロジェクトのマネジャーに比して、資金提供者との間で緊密な関係を構築することに、より一層注力します。

　サステナブルクラウドファンディングは、資金のやりとりという1度限りの取引で関係が終わるわけではなく、資金が確かに資金提供者が考えているサステナブルプロジェクトに投下され、その後、当該プロジェクトがサステナビリティに貢献するまで、サステナブル起業家と資金提供者との間で一心同体の関係を継続することになります。

　また、サステナブルプロジェクトが所期の目的どおりにいかないリスクもあり、サステナブル起業家は資金の調達ができたことは関係のスタートに過ぎないと認識して、資金提供者との間に長きに亘る信頼関係を構築、維持する必要があります。

❷ きめ細かな情報提供

　サステナブル起業家と資金提供者との間の強固な関係を構築するためには、サステナブル起業家は、資金提供者に対して情報の非対称性を削減するためにきめ細やかにプロジェクトの進行状況等を提供する必要があり、このことが双方の信頼関係を確かなものにすることが期待できます。

　実証研究では、サステナビリティの情報公開に積極的なクラウドファンディングプラットフォームにより実施されるサステナブルプロジェクトは、成

功する確率が高いとの結果が出ています[3]。

❸ トリプルボトムラインの追求

サステナブルクラウドファンディングへの資金提供者は、商業的なプロジェクトに比してサステナブルプロジェクトの推進に、より重要な役割を果たすことになりますが、利益追求を第一義とする企業への投資を行ってきた伝統的な投資家にとってはサステナブルビジネスが分かりづらく、魅力に欠けるものとなる恐れがあります[4]。

したがって、クラウドファンディングにより資金を調達するサステナブル起業家は、サステナブルプロジェクトが指向する内容により、多かれ少なかれ環境、社会、経済のいわゆるトリプルボトムラインのバランスを意識することが必要となります。

....

コラム 🌲 クラウドファンディング・プラットフォーマーからの転換

Mosaic（米）は、住宅の太陽光発電システムや電池、省エネリフォーム等のための資金を住宅のオーナーや工事業者に貸し付けるビジネスを全米で展開するスタートアップです。

当初、Mosaic は、投資家がソーラープロジェクトに融資して少額の金利を獲得するというクラウドファンディングをビジネスモデルとしてスタートして、住宅の屋上太陽光発電のために4千の投資家から20百万ドルの資金を集めることができました。しかし、Mosaic はこうした成功にもかかわらず、機関投資家からの資金獲得は、僅少なものにとどまりました。

その後、Mosaic は、米国の太陽光発電導入投資税額控除等を活用した新融資制度を開発してビジネスの拡大を指向しました。

そうしたなかで、欧州の大手金融機関の BNP Paribas が Mosaic に対して2億ドルの与信枠を設定、これにより Mosaic は、個人投資家集団から資金を集めるクラウドファンディングのビジネスモデルから転換して、BNP Paribas からの与信を活用して10倍近くの融資を実行することが可能となり

ました[5]。

このように、機関投資家である BNP Paribas からの与信により、Mosaic の融資対象となったソーラープロジェクトの件数は劇的に増加することになりました。

この 1 件は、多数の小口投資家から資金を集める一方で、コンプライアンスやインベスターリレーション、プロジェクトの管理等に多大のエネルギーとコストを要することになるという多くのクラウドファンディング・プラットフォームが抱えている課題を端的に示す事例であるということができます。

CASE STUDY
👉 Abundance

Abundance（英）は、FCA（Financial Conduct Authority、金融行動監視機構）から認可を受けた投資家と投資対象である企業や地方自治体を直接に結びつけるオンライン投資プラットフォームです。

❶ Abundanceのクラウドファンディング・プラットフォーム

Abundanceのプラットフォームは、気候変動がもたらす課題のソリューションを目的に活動する企業や地方自治体を支援するクラウドファンディングに特化したプラットフォームです。

Abundanceは、B Corp の認証を取得しています。B Corp は、米国のNPOであるB Lab により環境や社会に配慮した公益性の高い企業に与えられる国際認証制度です（BはBenefit の略）。

Abundanceを通じる投資家の投資は、すべて融資の形をとり、投資家は気候変動対策に積極的な企業や地方自治体に融資することになります。

❷ Abundanceがサポートするグリーンエネルギー・インフラ

Abundanceの融資対象は、グリーン社会の形成のためにインフラを提供するイノベーティブな企業や先進的な地方自治体で、そうした企業等は調達資金で風力発電、太陽光発電の再生エネを中心とするグリーンエネルギー・イ

ンフラを構築します。

このグリーンエネルギー・インフラの代表例には、次のようなケースがあります。

i 英国の学校や地方自治体、新築の戸建住宅、公営住宅の屋根に設置のソーラーパネル

ii グランドマウントソーラーファーム（農業用太陽光発電システム）

iii 小規模風力発電設備

iv 再生エネインフラにより生産されたエネルギー貯蔵技術の開発プロジェクト

v 電気自動車にとって重要な充電インフラの新技術を開発している企業

またAbundanceは、投資先として高環境負荷のブラウン企業に対するトランジションファイナンスにも注力しています。

❸ Abundanceのパイオニア企業への投資

Abundanceは、グリーンエネルギー・インフラによる環境の保全・向上を指向するさまざまなパイオニア企業にも投資しています。

i Abundanceは、英国の地理的特徴から来る潮汐流のポテンシャルを利用した潮力発電インフラを手掛けるパイオニアである企業に投資しています。潮力発電は、再生エネ発電の一種で、タービンの回転力を利用して潮汐流の運動エネルギーを電力に変える発電方式です。

ii Abundanceは、ウイスキーの蒸留プロセスで発生する残滓からバイオ燃料を製造するとか、石炭火力発電所を有機質廃棄物や廃棄プラスチックから作ったサステナブルエネルギーペレットを燃料とした発電所に転換するプロジェクトに投資しています。

iii 英国は、果物や野菜類の収穫のシーズンオフには、消費量の半分を海外からの輸入に依存していますが、Abundanceは、地産地消によりカーボンフットプリントを抑制するために、先進のテクノロジーを駆使したグ

リーンハウスや水耕栽培を推進する英国企業へのサポートに注力しています。

❹ Abundanceへの投資方法

投資家は、Abundanceを通してグリーンインフラ開発の企業や地方自治体に投資して、そこから生まれるリターンを受け取ることができます。

なお、投資家が投資資金を早期に回収する必要が発生した場合には、Abundanceが設置しているmarketplaceを通じて債権の売却をオファーし、その債権の買い手が現れれば売買のマッチングが成立することになります。

投資金額は5ポンドからで、グリーンエネルギーから環境に優しい住宅、エネルギー効率に資するインフラ整備等、投資家が選好するセクターを選択することができます。

投資は、IFISA（Innovative Finance ISA、少額投資非課税制度）を使うことも、通常の投資ポートフォリオで行うこともできます

このように、投資判断と投資対象は投資家の選択に委ねられており、Abundanceは投資家に対して、投資額の一部または全額を失う投資リスクがあることを十分理解したうえで投資判断を行うよう警告しています。

Abundanceは、投資家がこうしたリスクを適切に判断できるよう、投資候補先に対して広範かつ詳細に亘るデューデリジェンスを実施して、その結果を投資家に伝達します。

また、一旦投資をした後は、投資先と緊密なコンタクトを続けて投資先による投資リターンの支払いを管理し、投資についての重要な情報を投資家に提供することに加えて、投資が気候変動にポジティブなインパクトを与えているか等を検証します。

一方、いかなる投資においてもリスクは付き物であり、投資先のパフォーマンスが不調の場合には、その旨を投資家に伝えるとともに、投資先と先行きどのような対策をとったらよいかを協議します。

👍 Ecomill

Ecomill（伊）は、低炭素、低環境負荷のプロジェクトに投資するクラウドファンディングのプラットフォーマーです[6]。

Ecomillは、投資家にとって適当な利益（adequate profitability）があり、リスクがコントロール（controlled risk）されているかとの観点でさまざまなプロジェクトを精査し、グリーンかつサステナブルで、実現可能性の高いプロジェクトを投資先の選択肢としてウエブで提示します。

Ecomillが対象とした代表的なプロジェクトにGreen Armsがあります。

イタリアには再生エネプラントに投資して、そのリターンは電気代金の減額という形で投資家に還元されるスキームが存在していますが、これによるとリターンは投資家の年間電気料金が上限となります。

しかし、Green Armsは再生エネプラントへの投資により、投資額に応じたリターンを投資家に配分するクラウドファンディングを標榜しており、リターンの上限設定はありません。

Green Armsの投資ポートフォリオを構成する再生エネプラントは、すでに稼働中のものを買い取ったケースとこれから建設予定のプラントに投資したケースがあります。そして、投資家に配分するリターンの源泉は、所有する再生エネプラントが生み出す電気の販売代金や、所有する再生エネプラントを第3者に売り渡した売却代金となります。

Green Armsへの最低投資額は500ユーロで、これまで、Green Arms1、2、3のプロジェクトが提案され、すべて予定額の資金を投資家から集めています。

Ecomillでは、このほかにスマートグリッドや地域暖房等のエネルギーネットワーク、サーキュラーエコノミー、エネルギー効率向上、サステナブル農業、電気自動車等への投資プロジェクトを推進しています。

👍 Oneplanetcrowd

Oneplanetcrowd（蘭）は、サステナブルプロジェクトに特化したクラウドファンディング・プラットフォームを提供するスタートアップです。

Oneplanetcrowdは、25千を超える投資家が、これまで200を超えるプロジ

ェクトのシードマネーや成長資金を供給しており、欧州最大のサステナブル・クラウドファンディング・プラットフォームにまで成長しています。

Oneplanetcrowdのプラットフォームが提供するファンディングの種類には、融資、寄付、コンバーティブルローン、債券がありますが、その中でも融資と寄付が圧倒的に多い状況となっています。

融資の期間は1～10年で、債券の場合にはそれよりも長く設定されることがあります。

融資対象は、すでに収入がありさらに事業を拡大するための資金が必要になるとか、将来キャッシュフローが見込まれるサステナブル・エネルギープロジェクトです。

なお、債券は一定の厳しい条件を満たす場合に限り譲渡が認められます。

また、コンバーティブルローンは投資家が先行き株式に転換する権利を持つサステナブルローンで、主に創業後間もない企業で将来のキャッシュフローの見込みも不透明であるものの、急成長の可能性がある企業を対象にします。

👍 Lendosphere

Lendosphere（仏）は、クラウドファンディング・プラットフォームの運営企業です。

Lendosphereがこれまで手掛けたプロジェクトは400近くで、プラットフォームを通じて融資された金額は140百万ユーロに上っています。

Lendosphereが扱うプロジェクトは、再生エネと生態的移行（下記コラム参照）の分野で、Lendosphereが提示するプロジェクト・リストの中から資金提供者が自己の資金が投入されるのに相応しいとみるプロジェクトを選択します。

Lendosphereがリストアップするプロジェクトは、Lendosphereの分析により環境問題への対応に本腰を入れた取り組みがなされることが確認されたプロジェクトであることが必要です。

なお、Lendosphereがリストアップしたプロジェクトは、生態的移行・持続可能開発省（ministère de la Transition Ecologique et Solidaire）からグリ

ーン成長のためのクラウドファンディング（Financement Participatif pour la Croissance Verte）プロジェクトのラベルを付けることができるとの認可を得ています。

　Lendosphereへの資金提供者は個人に限定され、また資金提供の形態は、融資、債券、株式に大別されます。このうち債券は、minibond、bond、convertible bondの種類があります。

　資金提供の最低額は1プロジェクト当たり50ユーロからで、上限は各プロジェクトにより設定されています。資金提供者はこの範囲内で複数のプロジェクトに資金提供することが可能です。

　資金提供者が個人であることから、Lendosphereは、投資家に対して投融資には元本の減損や利金の不払いが発生するケースがあり、また、流動性リスクやオペレーショナルリスクがあることを十分説明し、また、投資家がそうしたことを完全に理解してから資金提供の可否を判断することが重要であると警告しています。

コラム 🌲 生態学的移行

　生態学的移行（ecological transition）は、環境悪化の脅威に対するサステナブルソリューションを提供する新しい経済的・社会的モデルへの進化を意味します[7]。

　生態学的移行は、次の分野をカバーしています。

①エネルギー転換

　エネルギー消費の削減と共に、再生エネの割合を増やす。

②産業インフラの移行

　産業のインフラをライフサイクル全体を通じて、設計、製造、マーケティング、使用、再利用、リサイクル等、省エネでサステナブルなアプローチで設計された生産形態に移行する。

③農業と食品の移行

　農業部門は、世界のGHG排出量の24%、森林伐採の80%を占めている。

環境と人間を尊重するサステナブルな農業への移行を実現することが重要である。

　生態学的移行をサステナブルなものにすることができる4つの要素は次のとおりです。

①再生エネへの投資
　再生エネの開発は、GHG排出を削減し、天然資源への依存を減らし、よりサステナブルで炭素排出量の少ない経済に移行するとともに、環境部門で雇用を創出する効果がある。

②クリーン輸送の開発
　サステナブルな輸送（公共交通機関、小規模鉄道、自転車）への公共投資を増やし、汚染を減らすことでGHG排出量の削減に取り組み、大気の質を向上させる。

③住宅のエネルギーリフォーム支援
　建築ストックの熱改修は、エネルギー消費に関連する費用を削減しながら住宅のエネルギー性能を向上させる効果がある。

④サステナブルな農業モデルの採用
　農業生産モデルをアグロエコロジー[注]と有機農業に向けることは、土壌、水資源、大気質、生物多様性、農家と消費者の健康の向上・保全に多大な効果がある。
（注）アグロエコロジーは、次の分野をカバーするグローバルなアプローチです。
　　・農民のノウハウに基づく農業生態系の科学
　　・自然の法則に触発された環境にやさしい農業慣行
　　・公正な農業と食料システムを擁護する社会運動

第5章

サステナビリティ×デジタルツイン

① デジタルツインのコンセプト

　デジタルツインは、IoT等を活用して取得したフィジカル（リアル）空間の情報をサイバー空間（コンピュータネットワーク上の仮想空間）内にツイン（双子）として再現するテクノロジー[1]で、Industry4.0を構成する重要なファクターとなっています。

　デジタルツインには、フィンテックのテクノロジーのIoTをはじめとしてビッグデータ、AI等のテクノロジーが活用されています。

　デジタルツインの活用によりフィジカル空間のモニタリング・分析やシミュレーションをサイバー空間上で行い、その結果をフィジカル空間にフィードバックすることができます。

　デジタルツインは、フィジカル空間とデジタル空間、そして両者の情報連携の3要素によって構成されています。そして、デジタルツインに活用されるテクノロジーは、フィジカル空間の状態を感知、収集するセンサーと、フィジカル空間とデジタル空間の両者の情報連携を行う通信ネットワーク、それにデータを集約、分析する情報基盤となります。

　デジタルツインは、当初は製造業の製品管理を目的に開発されたものですが、その後、工場全体の設計、保守、点検への活用等、業務効率化やコスト削減を目的に、プラント、エネルギー分野、さらにはサステナビリティに軸足を置いた都市プロジェクトまで、さまざまな分野で活用されています。

② IoTとデジタルツイン

　上述のとおり、デジタルツインは、フィジカル空間における対象物や環境に関わるデータをバーチャル空間上に移管、再現して、フィジカル世界とバ

ーチャル世界とを連動させて同一性を確保するテクノロジーです。

IoTの目覚ましい進歩により、フィジカル空間から得られたデータをネットワークを通じてそのまま自動に、かつリアルタイムで継続的にバーチャル空間に反映させることができるようになりました。

設計デザインを基にテストするシミュレーションとは異なり、デジタルツインでは設計段階だけではなく、生産プロセス、出荷後の使用状況のデータの収集・分析ができます。

また、デジタルツインを活用することにより、リアルタイムで収集したデータから製品や機器等の変化を把握して、設備・機器の保守や事前に危険を予測、回避することが可能になります。

こうしたデジタルツインの特性から、生産プロセスの効率化や、問題へのソリューション、点検・保守の必要性のチェックやリプレースのタイミング等をバーチャル空間で的確に判断し、管理できる体制を構築することが可能となります。

③ Industry 4.0とデジタルツイン

デジタルツインは、Industry 4.0において最も躍進目覚ましいテクノロジーの一つです[2]。

デジタルツインは、実世界の対象物のバーチャルレプリカで、このシミュレーションによりパフォーマンスや効率性等をテストする環境を創り出すことができます。

ITのアドバイザリー会社であるGartnerによれば、IoTプロジェクトを推進する企業の多くがデジタルツインを採用しているか、または採用する予定であるとしています[3]。

メーカーを中心にデジタルツインを導入するケースが目立っていますが、これによるメリットは次のように整理することができます。

❶ 生産プロセスの適正化、効率化

デジタルツインが生産プロセスを模倣することにより、エンジニアは実際

の生産ラインを構築する前に、不具合やエラーを見つけることができ、スムーズな生産が可能なシステムを構築することができます。

　デジタルツインにより、企業は実際に製品を作る前にユーザーがそれを使用した時の状況をテストすることができ、ユーザーの満足度が高い製品の製造が可能です。

❷ 適時適切な保守の実行

　IoTがリアルタイムで生産プロセスから出荷、マーケットに投入されるまでを追跡してデータを生成して、バーチャル空間にリアルタイムのデータを反映させることによって、設計上の問題や使用状態のデータも収集でき、保守の質的向上を図ることができます。

❸ コストの削減

　実際に検討や試作を行うとなると相当のコストがかかりますが、フィジカル空間と同様な対象物や環境をバーチャル空間で作り出すことができるデジタルツインは、大きなコスト削減効果を発揮します。

　また、デジタルツインによりリプレースが必要なタイミングを把握することができ、効率的なオペレーションを行うことによるコスト削減を実現することができます。

④ デジタルツインとサステナビリティ：グリーンデジタルツイン

　デジタルツインは、いくつかの側面でサステナビリティの推進に大きな役割を果たしています。こうしたデジタルツインは「グリーンデジタルツイン」と呼ばれています。

（1）デジタルツイン×都市プロジェクト

　デジタルツインは、都市計画に活用され、それがサステナビリティに大きな効果をあげているケースがみられます。

　例えば、台風や大雨等の災害時に河川水位・治水設備の稼働状況、孤立地

帯、避難施設の収容状況をセンサー等によりモニターします[4]。このモニタリングから収集したデータにより、デジタルツインで堤防の決壊リスクの分析や決壊時の被害のシミュレーション、避難施設や災害時物資の過不足の分析を行います。

　そして、この結果をもとに、治水設備の自動制御、避難の呼びかけ、避難ルート・移動手段の確保、災害時物資の確保・輸送等をフィードバックして、災害の人的、社会的被害の極小化を図ります。

　また、新たに出現したさまざまなグリーンテクノロジーをデジタルツインでシミュレーションを行うことにより、気候変動への取り組みの実効性をテストすることができます[5]。

　例えば、スーパーコンピュータからの発熱を抑制する空冷システムの効率性はどうか、ガソリン自動車から電気自動車への転換により車輪に伝達されるエネルギーがどのように変化するかをデジタルツインで分析することが行われています。

　実際のところ、デジタルツインがグリーン化で最も威力を発揮するのは、エネルギー消費と廃棄物管理の分野です。

　現在、製造業がさまざまな原材料を使用する場合にその選択判断に大きく影響する要素はカーボンフットプリントです。例えば、企業では、サプライチェーン全体からみてエネルギー効率の良い製造プロセス、流通形態、環境負荷の大きな原材料の代替品の模索、製品のリユース等の研究にデジタルツインを活用しています[6]。

（2）公的機関によるデジタルツインの活用
CASE STUDY
👉 国土交通データプラットフォーム

　国土交通省では、国土交通データプラットフォームを構築して、デジタルツインの実現を指向し、プラットフォームの機能拡充を推進しています[7]。

　このデータプラットフォームは、国土交通省が保有するデータと民間等のデータをAPIにより連携させて、フィジカル空間の事象をバーチャル空間に再現するデジタルツインによるスマートシティの構築や産学官連携によるオ

ープンイノベーションの創出等、国土交通行政のDXを目的とするものです。

国土交通データプラットフォームを構成するデータは、国土や経済活動、自然現象に関するデータがあり、自然現象関連データは、気象の観測データと予測データになります。

👍 Project PLATEAU

政府は、最先端技術を活用して経済発展と社会的課題の解決を両立する人間中心の社会、Society 5.0を提唱しています。Society 5.0は、人々に豊かさをもたらしQOL（Quality of life）を劇的に向上させる超スマート社会の実現を目指すというコンセプトです。

そして、国土交通省はSociety 5.0の一環として2020年度よりまちづくりのDX（Urban Digital Transformation）プロジェクトをPLATEAU（プラトー）の名称で推進しています[8]。なお、PLATEAUは、フランスの哲学者Gilles Deleuzeと精神分析家Pierre-Félix Guattariがその著書の中で使った言葉で、多様で自律・分散的なシステムが平面的に接続・連続することでレジリエンスを獲得していく実践を意味します。

Project PLATEAUは、フィジカル空間の都市をサイバー空間に再現する3D都市モデルの整備・活用・オープンデータ化のリーディングプロジェクトです。

Project PLATEAUでは、都市活動のプラットフォームデータとして全国の都市で3D都市モデルを整備し、そのユースケースを創出、さらにこれをオープンデータとして公開することで、誰もが自由に都市のデータを引き出し、活用できることを指向しています。

Project PLATEAUは、2021年度に全国56都市の3D都市モデルのオープンデータ化を完了して、官民の多様な領域でのデータ活用が進展し、まちづくり、防災、カーボンニュートラル等の社会課題を解決するオープンイノベーションの創出が実現することになります。

Project PLATEAUでは、主要なユースケースとして次の3点をあげています。

❶ 都市計画モニタリング (Activity Monitoring)

人やモノの動きを俯瞰で見える化して、データを使って都市の未来をシミュレートする取り組みをサポートすることに活用します。

こうした取り組みには、リアルタイムデータを活用したエリアマネジメントウォーカブルな空間設計のためのスマート・プランニング、立地シミュレーションの3次元可視化等があります。

❷ 防災 (Disaster Management)

災害リスクを可視化して、社会全体で災害に備えるまちをつくる取り組みをサポートすることに活用します。

例えば、2020年度に実施したユースケース[9]では、ハザードマップへの活用による防災対策の高度化があります。

ハザードマップは、激甚化・頻発化する自然災害に対して平時から河川氾濫時の危険箇所や避難場所についての正確な情報を周知することを目的としています。

しかし、2次元の地形図に洪水浸水想定区域を重ねる形で作成されたハザードマップは、浸水のリスク等が視覚的に分かりづらいという難点があります。そこで、Project PLATEAUでは、3D都市モデルの3次元の特性を生かして災害ハザード情報を表示する取り組みを行っています。

具体的には、全国約40都市を対象に、洪水浸水想定区域図等を3D化し3D都市モデルに重ね合わせることで、災害ハザード情報をより直感的・視覚的に理解しやすい形で表現するほか、福島県郡山市等では、洪水浸水想定の結果と3D都市モデルの属性情報（高さ、形状、構造、階数等）を組み合わせることにより、垂直避難可能なビルを抽出・可視化する等、3D都市モデルを用いた防災対策の高度化を試行しています。

❸ まちづくり (Smart Planning)

カメラ、センサー等の新技術を活用して、都市活動を可視化する取り組みをサポートすることに活用します。

たとえば、新型コロナウイルスの感染拡大を防ぐために、ソーシャルディ

スタンスの確保が重要視されました。

そこで、Project PLATEAUでは、栃木県宇都宮市においてまちなかの固定カメラ映像を解析し、ソーシャルディスタンスの確保状況の可視化と統計データを蓄積する技術の検証を実施しました。この実証実験により、まちなかでの平日・休日での時間帯別の混雑状況や来街者の行動を把握することができるため、イベントの開催や都市内回遊性、感染拡大防止等の取り組みに活用されています。

👍 東京都のデジタルツイン

東京都は、2020年に公表のスマート東京実施戦略で、スマート東京実現を支えるデジタルツインの推進を打ち出しました。そして、2022年に都市のデジタルツインの整備・活用に向けた具体的なステップ・アクションを定め、都市のデジタルツインの整備により想定される費用対効果を明らかにするロードマップを公表しています[10]。

東京都が実現を目指す完全なデジタルツインの姿は、防災・まちづくり・モビリティ・エネルギー・自然・ウェルネス・教育・働き方・産業の9分野に加えて、気候危機、コロナ対応、医療・衛生等を注力分野に設定しています。

ロードマップには各分野のサービスが例示されていますが、その中で特にサステナビリティに大きく関わりを持つ例をピックアップすると次のとおりです。

❶ 防災分野サービス

ⅰ 仮想空間上で災害を疑似的に発生させ、被害状況を予測・分析することで、安全・安心な都市整備計画や避難計画の策定等に活用する。

ⅱ 排水管等の流量・流向・水圧等のデータのモニタリング・予測を行い、漏水や逆流等の異常を早期に検知し、冠水・浸水の防止や点検業務の見直し等に活用する。

ⅲ 衛星画像等を用いて、地盤面の高さ構造を観測することにより、豪雨や火山噴火等、災害の被害が及ぶエリアの予測、予兆検知等を実施し、

安全・安心な都市整備計画や避難計画の策定、情報発信等に活用する。

❷ まちづくり分野サービス

i 都内の屋内外の空間データを取得し、混雑状況をモニタリング・予測し、都民向けの混雑情報の発信や日々の運行業務の改善等に活用する。

ii 都市開発シミュレーション：都市再生、都市開発、景観等都市の将来像について仮想条件を設定し、日照や風向等のシミュレーションを行い、開発計画や都民向けの説明等に活用する。

iii 人流データ、パーソントリップ等の移動に関するデータを活用し、施設の最適配置、交通施策、道路等の空間の再分配シミュレーションを行い、各施策実施の効果を予測して、スマートシティのプランニングに活用する。

❸ エネルギー分野サービス

i CO_2実質ゼロに貢献する「ゼロエミッション東京」の実現に向け、都市のさまざまなデータを活用し、都市活動によるCO_2の排出量の把握・予測を行い、排出量の削減に向けた各種施策の検討に活用する。

ii 都内の建物施設の屋根・壁面での太陽光発電ポテンシャルを推計し、再エネ活用による環境負荷低減効果を分析し、脱炭素施策の検討に活用する。

iii ゼロエミッションビークル（ZEV）の導入・普及促進に向け、交通シミュレーションによる充電設備の最適配置のシミュレーションを行い、充電設備の配置計画の検討に活用する。

❹ 自然分野サービス例

i 生物・自然環境の状態表示による行動変容：森林の炭素吸収量、海洋酸性化等の気候変動の状況、生態系の変化を把握し、自然環境の変化により生態環境がどのように変化するかを分析し、都民の生物・自然環境保護への対策に活用する。

ii 森林、湖、公園等の映像・音・香り・風を再現した XR（AR、VR、

MR）観光体験を実現し、QOLの向上や環境保全行動に対する意識の向上を促す。

ⅲ　過去の気象データ、都市のさまざまなデータを活用し、気候変動やゲリラ豪雨範囲、富士山等の噴火時の影響範囲を予測・表示することで、まちづくりや防災計画に活用する。

....

コラム 🌲 AR、VR、MR、XR

① AR

AR（Augmented Reality、拡張現実）は、現実の環境に画像等のデジタルコンテンツを重ね合わせて、現実の環境を拡張するテクノロジーです。

例えば、AR アプリにより、障害が発生している機器や保守が必要な機器に技術者がヘッドセットを向けると、障害発生の原因とその修理方法や保守の手順が情報として即座に図示されて、技術者はマニュアル等を参照することなく作業を進めることができる、といった活用が考えられます。

② VR

VR（Virtual Reality、仮想現実）は、現実の環境を仮想的な世界に置き換えるテクノロジーです。VR では、通常、ユーザーがセンサーを搭載したゴーグルを頭から装着します。そうすると、目の前に現実と区別できないような映像が現れて、ユーザーは仮想現実の世界を経験することができます。

③ MR

AR と VR を組み合わせた MR（Mixed Reality、複合現実）と呼ばれるテクノロジーがあります。これは、VR による仮想現実の映像に VR によるデジタルコンテンツを付加するテクノロジーです。

④ XR

AR、VR、MR を合わせて XR（X Reality、Extended Reality）と呼びます。

....

👉 **バーチャルシンガポール**

　理想的なサステナブル都市を設計することを指向してデジタルツインを活用している代表例が、シンガポールの国家プロジェクトであるバーチャルシンガポールプロジェクトです[11]。

　バーチャルシンガポールプロジェクトでは、政府が主導して都市のサステナブルな発展を目指す研究開発プログラムを通じて、交通経路や日照等のシミュレーションによる都市計画や太陽光発電能力の分析ツール等を行政、民間企業、研究機関に提供しています。

　すなわち、バーチャルシンガポールは、シンガポールの3D都市モデルと統合的データプラットフォームを構築して、それを公共機関のみならず、民間企業、個人、研究機関に提供することにより、シンガポールが直面する複雑な都市問題に対する研究、設計、意思決定に資する試行的なツールやアプリ等のテクノロジーがさまざまな分野で開発されることを目的としています。

　このプロジェクトは、官邸と国家研究機構、国土庁、技術庁が協働する形で推進されます。このうち、国家研究機構はプロジェクトを統括する任務を負い、国土庁は3Dの地図データを作成するとともにバーチャルシンガポールが完成したときにその所有権を持ちます。一方、技術庁は、プロジェクトをIT面や運営面からサポートします。

　バーチャルシンガポールは、建物や道路、上下水道等の対象物の配置、形状、素材、交通網の詳細を3Dでモデル化します。これは、単に表面から見ただけではなく、例えば建物のモデルでは、壁、床、天井等の構築内容のみならず、それに花崗岩、砂や石材がどれだけ使用されるか等もモデル化します。

　このバーチャルシンガポールのモデル設計では、なんといってもデータが重要な役割を果たします。

　まず、官民双方のセクターからIoT等の活用により2Dデータを収集のうえ、それを先端技術の活用により統合して3Dにします。

　そして、人口動態は気候変動を含めた静的、動的なデータを織り込みながら最適な都市モデルを設計します。

❶ バーチャルシンガポールのメリット

バーチャルシンガポールは、次のようなメリットがあるとされています。

i バーチャルな形で、テストを行うことが可能

例えば、現実に3G、4Gネットワークのカバレッジはどうなるかをバーチャルな形で観察することができ、それによりカバレッジが十分でない場所を3Dシティモデルにより改善することができます。

また、プラットフォームを使って、緊急時に多くの人々をどのように分散して安全に避難所に誘導できるかをシミュレートしてモデル化することが可能です。

ii 研究開発、設計、意志決定をサポート

3Dを活用した都市モデルは新たな分野であり、さまざまな分野の研究者が多岐に亘る複雑な分析を行い、それを試行することが必要となります。

豊富なデータを搭載したバーチャルシンガポールは、研究者に公開され、それを活用して新たなイノベーション、テクノロジーを創出することができます。

また、バーチャルシンガポールのプラットフォームは、さまざまなアプリの開発をサポートすることが可能です。例えば、車の交通や歩行者の動態パターンの分析アプリの開発により、都市における車道や自転車道、歩道、公園を含むインフラネットワークがユーザーとなる市民にとって快適で便利となる最適モデルを構築することができます。

iii 企業活動をサポート

バーチャルシンガポールの発する情報をビジネス・アナリティクスやリソース配分、サービスのカスタマイズ等、経営に生かすことができます。

例えば、都市で建物を建設する場合に、日射量を把握してソーラーパネルを具備したグリーンルーフのビルにするとか、騒音の度合いを把握して壁の構造を防音効果の高いものにする等、快適な空間を持った建築物を設計することが可能となります。

iv　政府、個人・家庭

　政府は、バーチャルシンガポールにより、スマートな公共サービスや全国デジタルネットワークをはじめ、理想的な都市インフラの設計・構築・運営を実践することができます。

　例えば、あるプロジェクトを設計する場合に現存する地形といかに調和を図りながら安全でレジリエントなインフラを構築するかを、バーチャルシンガポールを活用してモデル化することが可能です。

　また、個人・家庭は、3Dにより生活を豊かにする社会の在り方を認識することができます。

❷ バーチャルシンガポールの活用例

　バーチャルシンガポールは、公的機関や民間からの情報の収集をベースとしたビッグデータを使って、さまざまな分野に活用できるポテンシャルを持っていますが、そのうちのいくつかをみると次のとおりです。

i　最適な都市設計に向けての意思決定

　バーチャルシンガポールは、政府機関、3Dモデル、インターネットからの情報、IoTによるリアルタイムのデータ等、さまざまなデータを統合します。そして、その情報を各種機関とシェアして各種プロジェクトの構築、推進に生かすことができます。

ii　都市の各部分の可視化

　バーチャルシンガポールは、住民や地区の当局に対して居住地の状況を可視化し、それをベースに最適な環境を形成することをサポートします。

　例えば、バーチャルシンガポールのプラットフォームを通じて、ソーラーパネルやLED照明、バキュームごみ収集システム（Pneumatic Waste Conveyance System、PWCS）、歩道や自転車道の最適ネットワークの設計・設置を行うことができます。

ⅲ　アクセスの容易化

　　バーチャルシンガポールの活用により、医療機関や交通機関等へのアクセスを容易にすることができます。

　　2Dでは、地形やカーブ、階段、坂の角度をみることはできませんが、3Dであれば、坂の有無、角度も把握することができ、身障者や高齢者の移動を考慮したバリアフリーのルートを確保したインフラ設計が可能となります。

👉　ECの Destination Earth[12]

　　ECが実施している Destination Earth は、地球のサステナブルな発展をサポートすることを企図して、環境変化とそれが人類に及ぼすインパクトをモニターする地球のデジタルツインを開発することを目標とするプロジェクトです[13]。

　　この目標の達成を目指して、ECは欧州の科学者や企業と協働体制を構築して、デジタルテクノロジーがいかに地球のサステナブルな未来に貢献するかの実証研究を推進しています。

　　政策当局は、Destination Earth による地球のデジタルツインプロジェクトにより、次の諸点につき重要な情報や政策決定の材料を得ることができるとしています。

①地表、海洋、大気、生態系を中心とする地球の変化と、それに対する人類の活動の影響のモニタリングを実施、その結果を分析して必要な施策を講じる。

②自然災害とそれによる社会経済への影響を予測して、人命を保護し大規模な経済への損害を防止する施策を講じる。

③よりサステナブルな発展のためのシナリオを策定して、それをテストの上、実践に持ち込む。

（3）民間企業によるデジタルツインの活用

❶ デジタルツインを活用したスマートシティの形成

　　民間企業の間でデジタルツインを活用して、都市のエネルギー効率の向上、

CO_2排出の抑制、騒音・気温等の環境関連の改善を目的にスマートシティの形成を目指す動きがみられています。

CASE STUDY

👍 NTT

先行き、デジタルツインが実世界におけるさまざまな対象に拡大することで、多種多様なデジタルツインの組み合わせができて、そのインタラクションによる大規模なシミュレーションのニーズが高まることが予想されます[14]。

そこで、NTTでは、多種多様なデジタルツインを自由に掛け合わせて分析・試行・予測を可能とするデジタルツインコンピューティング（Digital Twin Computing、DTC）を開発、提供しています。DTCは、これまでになく大規模、高精度な実世界を再現することを可能とする新たな計算パラダイムです

DTCは、都市レベルでリアルタイムなエネルギーインフラ（電気、ガス、水道等）の需要予測を行って高効率利用を実現するとか、地球全体の地形・気候変動等をデジタル化して大規模自然災害の予測を行ってそれに応じた対策を機動的に行うことによりサステナブルな国、街づくりの実現を支援する等の活用法が考えられます。

👍 大成建設

大成建設は、3Dソフトウエア企業のダッソー・システムズを導入して、銀座エリアの将来構想・最適化による資産の有効活用、エリアの活性化を指向しています[15]。

具体的には、3Dプラットフォームのデジタル環境を活用して3D都市モデルをデジタルツインとして作成します。そして、これを個別のビル建設の受注や改修に留まらず、エリア・群としての建築物の包括的なファシリティマネジメントとして、例えばセキュリティや防災、環境保全、地域の活性化施策等にも活用することにより、銀座地区の事業者や利用者の利便性に対する新しい価値創造に活用することとしています。

👉 Cityzenith

Cityzenith（米）は、Clean Cities-Clean Future イニシアティブを標榜して、世界の都市に向けてデジタルツインを開発、提供するプラットフォーム SmartWorldOS™ を展開しています。

Cityzenith のアーバンデジタルツインは、大規模な複合施設プロジェクトをはじめ、工場、エネルギー関連インフラ、交通機関、大学のキャンパス、飛行場、さらには都市全体の CO_2 排出量の削減等の計画の最適化をサポートします。

具体的には、建物の維持・管理の効率化、サステナビリティとレジリエンスの向上、スペースの有効活用等で、建物の CO_2 排出量をリアルタイムで集計・分析・管理・報告するとともに、都市の CO_2 排出を削減し、地元の不動産所有者のコスト効率の向上をサポートしています。

Cityzenith のデジタルツインテクノロジー（SmartWorld Digital Twin technology）を使ったプロジェクトは、米国の主要都市で進行しています。

その代表例に 2022 年初に公表されたラスベガス・デジタルツインプロジェクトがあります[16]。

このプロジェクトでは、Cityzenith のパートナーの Terbine 社の IoT センサーが収集したラスベガスの空気汚染、騒音、湿度、気温等の環境関連データを分析して、アーバンデジタルツインにより先行きの CO_2 排出量、気温、エネルギーの使用量、人流、交通量等をシミュレーションします。

そして、その結果を分析してサステナブルな企業活動や都市計画を策定して、最終的にラスベガスを CO_2 排出量ゼロのサステナブルシティにすることを目的としています。

例えば、ラスベガスの建物について CO_2 排出量ネットゼロへの移行をサポートするために、デジタルツインのテクノロジーを採用、その第 1 段階では、ダウンタウンエリア $7km^2$ のデジタルツインを作成し、これに空気汚染、騒音、水管理、モビリティといった都市データを統合しました[17]。

そして第 2 段階では、政府機関、大学の研究者、ビルの管理会社、交通機関、建築家、自動車メーカー、カジノ経営者等も参加してデータの分析を進めて、先行きビルからの CO_2 排出量の削減等による都市のグリーン化を促進

することにしています[18]。

❷ デジタルツインを活用した災害予測

デジタルツインを活用して、災害に強い街づくりの実現を目指し、地震や水災など複数種類の大規模災害予測を行い、被害の極小化を支援するプロジェクトが推進されています。

CASE STUDY
👍 NTT Com、東京海上日動火災等

NTTコミュニケーションズ（NTT Com）は、2021年8月に東京海上日動火災保険等との間で、デジタルツインを活用した予測型マルチハザードソリューション提供に向けて協業することを公表しました[19]。

この協業では、NTT Comが保有するデジタルツインテクノロジーや人流・空間等のデータと、東京海上日動および東京海上ディーアールが保有するリスクデータやデータ解析のノウハウとを連携させて、高精度の災害予測シミュレーションを行い、地震や水災等、複数種類の災害に対応可能な予測型マルチハザードソリューションを提供するとともに、シミュレーションに基づいた安全対策、災害発生時の補償等について検討することとしています。

i デジタルツインを活用した災害時の高度被害予測モデル構築

デジタルツインの活用により、仮想のSmart City空間上で人流・空間・気象・自然災害のデータや防災科研の災害予測技術を組み合わせ、リアルタイム性の高い被害予測モデルの構築に向けた研究を実施。

ii 予測結果と連動した災害初期対応方針の策定

高度被害予測モデルの予測結果に基づき、災害の種類や規模に応じた災害初期対応方針を複数パターン策定し、災害発生時におけるデジタルとリアルのシームレスな連携を実現するための研究を実施。

ⅲ　予測結果に基づく災害時の安全対策

　Smart Cityにおける人・モノ・インフラの安全確保に向けて、個人の避難誘導や災害情報の一元管理、インフラシステムの安定稼働等を実現する防災アプリとクラウド型の防災マネジメントシステムの研究を実施。

ⅳ　ソリューションを支える保険の活用

　防災ソリューションの高度化に向け、リスクデータの活用やSmart Cityに関わるデータドリブン型の保険商品等について研究を実施。

❸ デジタルツインを活用したCO_2排出量のシミュレーション

　企業ではサプライチェーン全体による脱炭素への意識が高まっており、生産や販売、流通等の各プロセスでのCO_2排出量を把握、それをベースに事業計画を見直してCO_2削減に取り組むことが重要な経営課題となっています。

　こうした状況下、デジタルツインを活用してCO_2の排出量をシミュレーションすることができるシステムを開発、企業に提供するケースがみられます。

CASE STUDY
👉 日立ソリューションズ

　日立ソリューションズは、仮想空間上にサプライチェーンのデジタルツインを再現して需給量の変動や生産・販売施策を組み合わせた複数のシナリオで利益やコスト等をシミュレーションできる「グローバルSCMシミュレーションサービス」を提供してきましたが、2022年4月から、このシステムにCO_2排出量のシミュレーションにも対応する機能を追加しています[20]。

　この機能により、企業は原料調達から出荷までの企業活動に伴い発生する製品・部品単位のCO_2排出量のシミュレーションを行ったり、CO_2排出量上限を設定することで数理解析を用いた計算モデルによってすべての組み合せから最適解を求めることができます。

　そして、企業は、数値データに基づいてCO_2排出量におけるボトルネックが可視化されることからクリーンエネルギーへの切替や設備計画・仕入先の変更等、効果的な削減計画の意思決定を迅速に行い、売上や利益、CO_2排出

量等のバランスを勘案した最適な仕入先の選定や調達経路、設備、製造、販売、輸送の見直しが可能となり、さらにその効果をデジタルツイン上で確認することができます。

❹ デジタルツインを活用したCO_2の回収から利用の可視化

カーボンニュートラルの実現を指向してCO_2を回収して貯留や転換利用するCCUS（Carbon dioxide Capture, Utilization and Storage）テクノロジーが注目されています。

このCCUSによるCO_2の資源化を推進するためには、CO_2の回収→輸送→貯留→利用といったCCUSバリューチェーンの可視化とCO_2流通の最適化の枠組みを構築することが重要となります。

CASE STUDY
👉 三菱重工業、日本IBM
❶ デジタルプラットフォーム、CO_2NNEX™

三菱重工業と日本IBMは、CO_2の資源化推進を目的にデジタルプラットフォーム「CO_2NNEX™」（コネックス）の構築に向けて協働、グローバルでのビジネス拡大を指向しています[21]。

なお、CO_2NNEXの名称は、CO_2のバリューチェーンをつなぐConnectと、Environmental Transformationを短縮したEXから取ったものです。

このプロジェクトでは、三菱重工がフィジカル空間におけるインフラ構築を、また、日本IBMがサイバー空間におけるデジタルネットワークを担うデジタルツインとなっている点が大きな特徴で、これによりCO_2エコシステムを形成することになります。

CO_2NNEX™により、実社会ではCO_2の流通全体を繋いで可視化し、また、証跡を残すことにより投資やコストの検証を行うことが可能となります。

また、CO_2の排出サイドとCO_2の購入サイドがプラットフォームを活用してマッチング、工・農業や燃料等、幅広い企業の間にCO_2活用の裾野が広がることが期待されます。

【図表1】CO$_2$NNEX のデジタルツイン

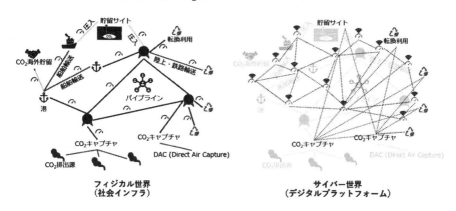

(出所) 三菱重工業、日本アイ・ビー・エム「三菱重工と日本IBM、CO$_2$流通を可視化するデジタルプラットフォーム「CO$_2$NNEX™」構築へ」2021.5.6

❷ CO$_2$NNEX™ に活用されるテクノロジー

　CO$_2$NNEX™ は、ブロックチェーン、スマートメーター、クラウド、AI等を活用したデジタルプラットフォームです。

i　CO$_2$の流通ポイントにCO$_2$の物理量や状態を監視し、データを有効利用するスマートメーターを設置。スマートメーターにより、CO$_2$がどこにどれだけの量あり、それがどこに向かっているかを把握する。

ii　データはクラウド上に集約し、ブロックチェーンで管理する。

iii　安全で透明性、信頼性の高いデータ共有を可能にする IBM Blockchain を活用する。すべてのプレーヤーはブロックチェーンによって繋がれ、ブロックチェーンによりプラットフォーム上で行われるステークホルダー間のCO$_2$のマッチングが公正に行われたかをデータにより可視化し、取引結果は改ざん不可能な証跡として保持する。

iv　クラウドと既存システムを連携させてスピーディでフレキシブルなIT環境を構築するハイブリッドクラウドを採用する。

v　バリューチェーンの可視化・自動化・最適化を可能にするAI技術を採用する。

❺ デジタルツインを活用したプラント制御

さまざまな化学反応が複雑に絡み合う化学プラントの制御は、ベテラン技術者の知識と経験に依存するところが大きく、人手不足等からの技術力の低下が懸念されています。

こうした課題のソリューションとして、デジタルツインが活用されています。

CASE STUDY

👍 NTTコミュニケーションズ

NTTコミュニケーションズ（NTT Com）は、AIのディープラーニングを活用して計測器メーカーと共同でプラント向けデジタルツインを開発しました[22]。

これは、現実のプラントの稼働状況をデジタル空間で再現してシミュレーションを行うテクノロジーで、現実空間で収集された膨大なデータをディープラーニングによりモデル化して、プラント制御の最適なパラメータ値の特定を目指すというものです。

【図表2】AIを活用した化学プラントのデジタルツイン

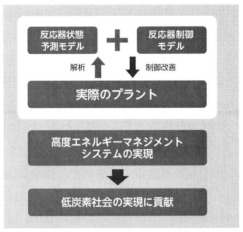

(出所) 伊藤浩二「ディープラーニングが拓く次世代プラントの生産安定化と環境対応」NTTコミュニケーションズ CSR Report 2019

こうしたAIの活用による化学プラントのデジタルツインは、パフォーマンスの最適化だけでなく、地球環境に大きな負担をかけている化学プラントの運転効率化、消費電力の効率化に資するため、高度エネルギーマネジメントシステムの構築からのメリットがあり、延いては低炭素化、グリーンな地球保全への寄与を実現することに繋がります。

❻ デジタルツインを活用したエネルギーマネジメント

デジタルツインは、エンジニアや電力会社がより強固で効率的な電力システムを構築するためのデジタルフレームワークを提供します[23]。

デジタルツインは、例えばソーラー発電パネルの設置場所の選択に有益な情報を提供するほか、発電施設から消費者に配電されるまでの一連の電力マネジメントの効率性・信頼性・安定性をサポートします。

また、発電に関わる資産管理についてもデジタルツインを活用することができます。

ソーラーアレー（複数枚のソーラー発電パネルを結線して架台に設置したもの）や風力発電のタービン等の機器は管理業者から離れた場所で稼働することから、日常のモニターやメンテに手間がかかります。

しかし、デジタルツインを活用することにより、各々の発電機器のパフォーマンスについて詳細に亘るモニタリングを実施するほか、デジタルツインでは、いくらの電力を発電できるか、消費するかを推測することが可能です。

また、デジタルツインは、原油やガスの分野でも重要な役割を担っています。すなわち、デジタルツインにより、原油やガスの掘削や抽出の効率化が図られ、重要なエネルギー源としての地位を維持することが可能となります[24]。

原油やガスの掘削場所と抽出手法は、従来からシナリオを描き、それをモデル化するという方法で探索されていますが、デジタルツインを活用することによりシミュレーションを実施することで、より効率的に最適な場所と手法を見出すことができます。

❼ デジタルツインを活用したバーチャルファクトリー

デジタルツインは、製品のライフサイクルすべてについて可視化することにより、デザインの段階から製造プロセス等までCO_2排出量や廃棄物の削減、エネルギー使用の効率性向上等について是正すべき内容を具体的に示すといったバーチャルファクトリー・イノベーションを軸に、サステナビリティに大きく寄与しています。

また、what-ifのシナリオの結果もデジタルツインでテストすることができます。

CASE STUDY
👍 BMW、NVIDIA

独自動車メーカーBMWは、米NVIDIAのデジタルツインテクノロジーを使ってバーチャルファクトリーの構築プロジェクトを推進しています。

このバーチャルファクトリーでは、NVIDIAが開発したOmniverse Enterpriseにより、世界の設計者や技術者が仮想空間を共有してリモートで作業を進めることができます。Omniverse Enterpriseは、AIを組み込んだロボティクスプラットフォームやエッジコンピューティングプラットフォーム、ソフトウエア開発キット等から構成されています。

BMWは世界の31の工場で生産されています[25]。そして、各工場のラインは、最大10の異なる車を生産しており、その各々の車には100を超えるオプションがあります。

BMWでは、工場の一つにデジタルツインを導入して、シミュレーションにより再現された工場内のロボットが部品をアセンブルする画面をみながら、異なる場所で働く設計者や技術者がグローバル3Dデザインチームを組んで協働しながら車を仕立て上げていくバーチャルファクトリーを試行しています。

BMWは、これにより、車の設計プロセスで30%の効率性向上が期待できるとしています。

👍 日立

　工場の進捗管理等の情報制御システムのソフトとハードを設計・開発・製造している日立の大みか事業所は、RFIDタグとRFIDリーダー、ビデオカメラを導入、製造現場における人やモノの流れのデータを自動収集しています[26]。

　これにより、製造ライン上の人とモノの流れをデータで可視化した製造ラインのデジタルツインを構築、生産の進捗把握や品質改善、設備不良の自動検出等に活用しています。

　また、大みか事業所では、生産活動に伴う工場のCO_2排出量の削減等、データを駆使した課題解決が必要な多くの分野でデジタルツインが活用されています。

脚 注

はじめに

1   Phil Harding "Sustainability, climate change, population" twitter.web. 2013.12.30

2   経済産業省「2050年カーボンニュートラルに伴うグリーン成長戦略」2021.6.18

序章　サステナビリティ×フィンテック

1   Central Blockchain Council of America"How Blockchain, AI, and IoT will converge in the next decade to revolutionaize business worldwide?" 2020.11.5

第 I 部　サステナビリティ×フィンテック：BIA三位一体（ブロックチェーン、IoT、AI）+ビッグデータ

第1章　サステナビリティ×ブロックチェーン

1   Eugenia Macchiavello、Michele Siri "Sustainable finance and Fintech: can technology contribute to achieving environmental goals? A preliminary assessment of Green FinTech" European Banking Institute 2020.8.13

2   David Uzsoki、Patrick Guerdat "Impact Tokens: A blockchain-based solution for impact investing" International Institute for Sustainable Development 2019.4

3   増田剛「スマートコントラクトとは何か？」FinTech Journal 2020.8.27

4   University of Cambridge "Cambridge Bitcoin Electricity Consumption Index (CBECI)" 2019.7.2, Laurie Clarke "How do we solve bitcoin's carbon problem?" 2022.1.30

5   Locofi「事業内容：サーバー開発・販売　暗号通貨コンサルティング」

6   Intel "Energy Efficient Hashing for the Future"

7   Chris Cook "Blockstream and Square, Inc. Join Forces for Solar-Powered Bitcoin Mining" Blockstream 2021.6.5

8   Salt Lake Tribune "This Utah oil producer was wasting natural gas. Now it uses it to mine cryptocurrency"

9   HSBC Centre of Sustainable Finance, Sustainable Digital Finance Alliance "Blockchain: Gateway for Sustainability linked Bonds"

10   ibid.

11   Marianne Haahr "New SDFA report on Digitization of Green Bonds" Sustainable Digital Finance Alliance 2019.9.28

12   Alex Otsu "Green Bond Tokens -A New Paradigm in Carbon Finance" Epik Systems 2021.9.1

13〜17   op.cit.9

18 Liam Jones "$500bn Green Issuance 2021" Climate Bonds Initiative 2022.1.31

19 op.cit.9

20 Pilar Martínez Fariña "BBVA issues the first blockchain-supported structured green bond for MAPFRE" BBVA 2019.2.19

21 Ledger Insights "BBVA issues structured bond to MAPFRE using blockchain" 2019.2.19

22 高頭俊「グリーン投資を可視化する「グリーン・デジタル・トラック・ボンド」の取り組み」月間資本市場 2022.8

23 日本取引所グループ「セキュリティ・トークンを活用したグリーン・デジタル・トラック・ボンドの発行に向けた検討について」2022.2.14、日本取引所グループ、日立製作所、野村證券、株式会社BOOSTRY「国内初のデジタルな仕組みを用いた環境債「ホールセール向けグリーン・デジタル・トラック・ボンド」の発行に関する協業について」2022.4.15

24 Eugenia Macchiavello、Michele Siri "Sustainable finance and Fintech: can technology contribute to achieving environmental goals? A preliminary assessment of Green FinTech" European Banking Institute 2020.8.13

25 Power Ledger "Power Ledger Token Generation Event: Token Generation Paper"

26 Power Ledger "Power Ledger White Paper" 2018

27 Tim Falk "What is Power Ledger?" finder 2020.12.23

28 Stockholm Green Digital Finance "Unlocking the Potential of Green Fintech" 2017

29 Moonyoung Joe "Adopting a cedar tree brings diaspora money home" 2019.2.7

30 環境省「『気候変動×デジタル』プロジェクト ～デジタル化によるＪ－クレジット制度の抜本拡充策～ 検討結果とりまとめ」2020.7.28

31 環境省「気候変動×デジタルプロジェクト」2020.7.28

32 InterWork Alliance "Voluntary Ecological Market and the Standards Needed to Tokenize its Supply, Demand, Buying, Trading, Offsetting, and Reporting Processes" IWA White Paper 2021.6.9

33 InterWork Alliance "InterWork Alliance Launches to Standardize Token-Powered Ecosystems Worldwide" 2020.6.2

34 University of Cambridge "Cambridge-built carbon credit marketplace will support reforestation" 2021.11.19

35 Weathernews "Full-Scale Launch of CIM (Carbon Intensity Monitoring) Service" 2021.10.25、「海運業界向けCO$_2$排出量監視サービスCIMの本格提供開始」2021.9.29

36 chaintope「ウェザーニューズと海運業界のCO$_2$排出削減量を客観的に評価する新サービス「マリンカーボンブロッキング」提供に向けた共同研究を開始」2019.12.25

37　L.SUITE "Blockchain Charity as a reality"

第 2 章　サステナビリティ×IOT

1　K. Ashton, "That" Internet of Things "thing in the real world, things matter more than ideas," RFID Journal, 2009

2　J. Jenifer "Big IoT Data Analytics: Open Research Challenges" Journal of Xi'an University of Architecture & Technology 2021

3　Tom Davenport "The Analytics of Things" Deloitte Insights 2014.12.18

4　World Economic Forum "Internet of Things Guidelines for Sustainability" 2018

5　Monika Gadre Asst, Chinmay Gadre Sr. "Green Internet of Things (IoT) : Go Green with IoT" International Journal of Engineering Research & Technology (IJERT) 2016

6　ibid.

7　Cornis van der Lugt "Digital Finance and Citizen Action" UN Environment Inquiry 2019.2

8　Shelby Parks "Leveraging Planet Satellite Imagery to Improve Irrigation Intelligence" 2021.2.19

9　Peter Sayer "Google Cloud, Salesforce, SAP and co help CIOs manage greenhouse gas emissions" 2021.10.22

10　Emma Gorin "Nowhere to hide: Using satellite imagery to estimate the utilisation of fossil fuel power plants" Climate Markets and Investment Association 2018.11

11　Global Forest Watch "Forest Monitoring Designed for Action"

12　Pachama "The path to carbon removal"

13　The Sustainable Digital Finance Alliance "Digital Technologies for Mobilizing Sustainable Finance" 2018.10

14　Airbus "Crédit Agricole Bank Relies On Satellite Imagery To Insure Grasslands Against Climate Risks"

15　会津若松市「スマートシティ会津若松の実現に向けた取組について」2022.9.6、津田浩司「会津若松スマートシティのチャレンジ」ZDNet Japan 2013.11.6

16　EnergyShift編集部「スマートグリッド（smart grid）とは」2021.3.8

17　吉田拓史「モノのインターネットを活用したスマートグリッド技術」Axion、アクシオンテクノロジーズ 2021.1.27

18　Andrea Halmos "The role of smart cities in meeting the objectives of the Green Deal" European Commission INSPIRE 20204.6

19 Alex Grizhnevich "IoT for Smart Cities: Use Cases and Implementation Strategies" ScienceSoft 2018.5.3

20 島村奨et al.「IoT時代のコインパーキングを実現するdocomoスマートパーキングシステム」NTT DOCOMOテクニカル・ジャーナル 2020.1

21 田中雅大「中国の最新スマートシティ事情」未来想像WEBマガジン

22 Clarity Movement "We make air quality measurement easy"

23 Charles McLellan "Smart farming: How IoT, robotics, and AI are tackling one of the biggest problems of the century" TechRepublic

24 農水省大臣官房「スマート農業の展開について」2022.7

25 京セラ「スマート農業におけるIoT機器の役割とは？3つの活用法を紹介」

26 op.cit.24

27 農研機構「ICTを活用した圃場 - 水利施設連携による効率的な配水管理制御システムを開発」2018.11.12

28 株式会社Momo「AgriPaletteが太陽光駆動で動くようになりました」

29 Itika Sarkar "Insurance and IoT" IoTEDU 2020.5.14

30 UN Environment Inquiry, Swiss Federal Office "Green Digital Finance Mapping Current Practice and Potential in Switzerland and Beyond" 2018.9

31 Akshit Anthony "Green Internet of Things (IoT) : A Detailed Overview" 2021.11.6

32 Avery Dennison Corporation「サステナビリティと利益の向上」

33 Chunsheng Zhu, Victor C. M. Leung、Lei Shu, Edith C.-H. Ngai "Green Internet of Things for Smart World" IEEE 2015.11.3

34 Nawat Swatthong, Chaodit Aswakul "Optimal Cloud Orchestration Model of Containerized Task Scheduling Strategy Using Integer Linear Programming: Case Studies of IoTcloud" 2021 MDPI Energies

35 ソフトバンク「エッジコンピューティングのメリット」

36 小林啓倫「なぜクラウドではダメなのか？いまエッジAIが注目されるワケ」ITmedia 2020.3.19

37 磯部博史「エッジAIとは何か 超分散エッジコンピューティングの時代に備えよ」iMagazine 2021.3.11

第3章　サステナビリティ×ビッグデータ

1 Michael Schroeck, Rebecca Shockley, Peter Tufano "Analytics:The real-world use of big data:How innovative enterprises extract value from uncertain data" IBM Global Business Services Business Analytics and Optimization 2012.11

2 Salman Zafar "The Role of Big Data in Environmental Sustainability" EcoMENA 2021.5.22

3 United Nations "Big Data for Sustainable Development"

4 高橋桂子「観測ビッグデータを活用した気象と地球環境の予測の高度化」海洋研究開発機構

5 Amazon "Sustainability: Thinking Big" 2019.9

6 ASDI "Registry of Open Data on AWS" Amazon

7 Erik Kobayashi-Solomon "Fighting Climate Change With Big Data: Clir And SINAI Technologies" Forbes 2021.7.28

8 Michael Schroeck et al. "Analytics: The real-world use of big data" IBM Global Services 2012

9 Quantzig "Sustainable Supply Chain and Big Data Analytics" 2 Quantzig 2021.6.11

10 ibid.

11 窪田新之助「東京大学二宮正士特任教授へのインタビュー：農業も5年後にはビッグデータ時代へ、農業におけるビッグデータ時代の到来と課題」SMART AGRI株式会社オプティム 2019.5.24、5.27

12 Eben Shapiro "2021 TIME100 MOST INFLUENTIAL COMPANIES" 2021.4.26

13 気候変動適応情報プラットフォーム（A-PLAT）「気候ビッグデータを用いた洪水リスク評価、TCFD対応支援」2022.2.10

14 FAO "Global Forest Resources Assessment 2020"

15 小森理「ビッグデータを用いた生物多様性の可視化」探求SDGsサミット 2021.11.21

16 深谷肇一（国立環境研）、久保田康裕（琉球大）「生物多様性ビッグデータで日本全土の木本植物の個体数を推定」国立環境研究所、琉球大学 2020.5.14

17 東北大学、日本郵船、近海郵船、南三陸町、アースウォッチ・ジャパン「世界初 環DNAビッグデータが生物多様性を見える化！ 生き物の天気図を示すオープンデータANEMONE DB（アネモネデータベース）の運用開始」2022.6.2

18 Topolytics "Making the world's waste visible, verifiable and valuable"

19 Scott Reid "Edinburgh firm at heart of tech project to reduce nine billion tonnes of global waste" The Scotsman 2020.10.2

20 Fiona Bayat-Renoux et al. "Digital Technologies for Mobilizing Sustainable Finance" The Sustainable Digital Finance Alliance 2018.10

21 Budha Bhattacharya、Kin Yu "Pulse of Fintech H1'21、Putting big data at the heart of ESG decision-making" KPMG 2021.8

22 Jean-Philippe Hecquet "Fintechs and the ESG data challenge – Six case studies of emerging technologies" BNP Paribas Securities Services 2019.11.20

23 ibid.

24 op.cit.21

25 BlackRock "BlackRock to acquire Baringa Partners Climate Change Scenario Model through long-term Partnership" 2021.6.17

26 HSBC "HSBC Asset Management finances the launch of RadiantESG Global Investors" 2021.7.1

27 RepRisk "RepRisk proudly announces launch of RepRisk Japan and unveils new Tokyo office" 2022.5.23

28 Mio Tech "Innovate For A Sustainable Future", Aaron McCreary、Yafu Zhao、Andrew Chang "Climate Fintech" New Energy Nexus

29 Aaron McCreary, Yafu Zhao, Andrew Chang "Climate Fintech" New Energy Nexus

30 op.cit.21

31 op.cit.22

32 Natixis Investment Managers "Mind shift Getting past the screens of responsible investing" 2016.7

33 2 Degrees Investing Initiative "Aligning financial markets with climate goals"

第4章　サステナビリティ×AI

1 Iman Ghosh "When AI Meets the Internet of Things" Visual Capitalist 2020.8.12

2 IBM「機械学習」IBM Cloud Education 2020.7.15

3 Eda Kavlakoglu "AI vs. Machine Learning vs. Deep Learning vs. Neural Networks: What's the Difference?" IBM 2020.5.27

4 Kumari Seema Rani et al. "Deep Learning with Big Data: An Emerging Trend" IEEE

5 Xue-Wen Chen, Xiaotong Lin "Big Data Deep Learning: Challenges and Perspectives" IEEE 2014.5.28

6 Owen Mulhern "Can AI Help Achieve Environmental Sustainability?" Earth.Org 2021.3

7 Ricardo Vinuesa, et al. "The role of artificial intelligence in achieving the Sustainable Development Goals" nature communications 2020.1.13

8 Alison DeNisco Rayome "How AI could save the environment" TechRepublic 2019.4.19

9 　藤井達人「その AIはグリーンか？ AIにもサステナビリティが求められる時代へ」Microsoft 2021.9.8

10　Roy Schwartz et al. "Green AI" Allen Institute for AI 2019.7

11　Karen Hao "Training a single AI model can emit as much carbon as five cars in their lifetimes" MIT Technology Review 2019.6.6

12　Emma Strubell et al. "Energy and Policy Considerations for Deep Learning in NLP" McCallum College of Information and Computer Sciences University of Massachusetts Amherst 2019.6.5

13　Sam Gould "Green AI: How can AI solve sustainability challenges?" 2020.6.4

14　Oskar Eriksson "Moving from Red AI to Green AI" DataRobot AI Cloud 2022.4.21

15　op.cit.9

16　Alexandre Lacoste et al. "Quantifying the Carbon Emissions of Machine Learning" Université de Montréal 2019.11.4

17　榎本昇平「AIの省電力化をめざして」NTT技術ジャーナル 2022.2

18　Ricardo Vinuesa, et al. "The role of artificial intelligence in achieving the Sustainable Development Goals" nature communications 2020.1.13

19　Song Gao "Geospatial Artificial Intelligence（GeoAI）" Oxford Bibliographies 2021.3.24

20　国土交通省国土地理院「GISとは」

21　esri「画像分析：高度な画像分析を使用して貴重な洞察を獲得」

22　IBM "Advancing weather science with accurate forecasting products & technology for businesses everywhere"

23　進博正、志賀慶明、市川量一「気象予測データと機械学習を用いた高精度な電力需要予測手法」東芝レビュー 2019.9

24　日本電信電話、東日本旅客鉄道等「少量学習によるフィードフォワード型のAI空調制御により、省エネと快適環境の両立を実証」2021.11.1

25　三菱電機「家電ごとの電気の使い方見える化技術を開発」2019.1.29

26　Rich Evans, Jim Gao "DeepMind AI reduces energy used for cooling Google data centers by 40%" Google 2016.7.20

27　白戸康人「土壌炭素を増やす農地管理が温暖化を緩和する」農業環境技術研究所

28　農研機構「有機物の投入による土壌からのCO_2削減効果を「見える化」するwebツール」、「土壌のCO_2吸収「見える化」サイトの機能拡張と土壌情報更新」

29　山下尚之他「AIを活用して高精細な森林土壌炭素貯留量の日本地図を作成」森林総合研究所 2021.12.24

30　Harvest CROO Robotics "Sustainability & ESG"

31　ワイエルフォレスト株式会社「地球にマングローブを!! プロジェクト」等

32　Richard Cohen "Crucial Ecosystems for addressing Climate Change" Global Mangrove Trust Latest News Letter

33　ライトスタッフ合同会社「ブルーカーボンプロジェクト」2022.6.11

34　環境省地球環境局「ブルーカーボンについて」2021.3

35　National Oceanic and Atmospheric Administration "Using AI to Listen and Learn about Humpback Whales" 2021.5.18

36　Iphigenia Keramitsogloua、Constantinos Cartalisa、Chris T. Kiranoudis "Automatic identification of oil spills on satellite images" 2005.2.6

37　The Geodetic Facility for the Advancement of Geosciences "Synthetic Aperture Radar (SAR) Satellites", Erika Podest "Basics of Synthetic Aperture Radar" NASA

38　Erika Podest "Basics of Synthetic Aperture Radar" NASA

39　Nautilus Labs "To advance the efficiency of ocean commerce", "Predictive Vessel Performance with Machine Learning", Matt Heider "環境問題に貢献、海洋業界内のデータを繋ぐプラットフォーム Nautilus Labs" TECHBLITZ 2020.5.25

40　Stena Lines "AI assisted vessels"

41　Pani "Your water is challenging,treating it doesn't have to be"

42　三井住友海上火災保険「ドローンとAIを活用した水災損害調査の開始について」2019.12.30

43　Jamie Beckett "Hail Yes: How Deep Learning Could Improve Forecasts for Damaging Storms" NVIDIA 2018.4.6

44　AMP Robotics "Recycling Reimagened" AMP Robotics

45　Erik Kobayashi-Solomon "Fighting Climate Change With Big Data: Clir And SINAI Technologies" Forbes 2021.7.28

46　Felicia Jackson "Sinai Technologies Is Using Big Data To Address The Agricultural Emissions Gap" Forbes 2021.12.3

47　サステナブル・ラボ株式会社「AIを活用し企業・都道府県の非財務/SDGsデータをスコア化したオンラインデータバンク「テラスト」が正式スタート」2021.2.12

48　Jean-Philippe Hecquet "Fintechs and the ESG data challenge - Six case studies of emerging technologies" BNP Paribas Securities Services 2019.11.20

49　George Serafeim "Public Sentiment and the Price of Corporate Sustainability" Harvard Business School Accounting & Management Unit Working Paper 2018.10.12

50　op.cit.48

51 Elisabeth Steyn, Jose M Lopez Sanz "How SDG-aligned is ESG? Putting sustainable funds to the test" UtiL 2021.9

第II部 サステナビリティ×フィンテック：API、クラウドコンピューティング、オンラインプラットフォーム、クラウドファンディング、デジタルツイン

第1章 サステナビリティ×API

1 Bill Doerrfeld "Green APIs Promote Sustainability and Climate Action" Nordic APIs 2015.6.30

2 Mk Asha "Green API: Embedding Sustainability into your Enterprise Apps (Advanced guide-2022Green API: Embedding Sustainability into your Enterprise Apps"

3 op.cit.1、樋口悟「脱炭素APIカーボンニュートラルAPIサービス国内外事例まとめ」国際航業株式会社 Qiita 2022.1.31

4 IBM Cloud Education "REST API" 2021.4.6

5 トレノケート「REST APIとは？」2022.6.2

6 Cloverly "Cloverly's API for Carbon Removals"

7 Akristersson "DO Black - the world's first credit card with a carbon limit" Mastercard 2019.4.30

8 chaintope「CO_2削減量を可視化するサステナビリティAPIの提供開始」2021.9.28

第2章 サステナビリティ×クラウドコンピューティング

1 Kishore Durg, Pavel Ponomarev, Paul Daugherty, Peter Lacy "The green behind the cloud" Accenture 2020

2 Noelle Walsh「Microsoftがデータセンターの水とエネルギー使用量を測定し、Azure Cloudの持続可能性を向上させている方法」2022.4.22

3 Robert Mazzoli et al.「データセンターの環境保護」Microsoft 2021.10.12

4 Amazon "Sustainability: Thinking Big" 2019.9

5 Daniel Bizo "The Carbon Reduction Opportunity of Moving to Amazon Web Services" AWSABlack & White paper451RESEARCH 2019.10

6 Judson Althoff "Microsoft Cloud for Sustainability: Empowering organizations on their path to net zero" Microsoft 2021.7.14, Noelle Walsh "Supporting our customers on the path to net zero: The Microsoft cloud and decarbonization" Microsoft 2021.10.27

7 Kishore Durg, Pavel Ponomarev, Paul Daugherty, Peter Lacy "The green behind the cloud" Accenture 2020

8 Aurora "Evaluation of the Aurora Application Shade Measurement Accuracy"

9 EVConnect "Powering What's Next"

10 三井物産「米国でEV充電ステーションの運営・管理プラットフォームを提供するEV Connectに参画」2019.10.23

11 Peter Sayer "Google Cloud, Salesforce, SAP and co help CIOs manage greenhouse gas emissions" 2021.10.22

12 ibid.

13 op.cit.7

第3章　サステナビリティ×オンラインプラットフォーム

1 平野敦士カール、アンドレイ・ハギウ「プラットフォーム戦略」東洋経済新報社

2 根来龍之「プラットフォームの教科書」日経BP社 2017.5.26、三枝元「プラットフォームビジネス」2018

3 総務省「情報通信白書」2017

4 Esther Choi "Achieving Speed and Scale in Climate Finance" Sustainable Finance Initiative Stanford University 2021.2

5 ibid.

6 ibid.

7 Darius Nassiry "The role of fintech in unlocking green finance: Policy insights for developing countries" ADB 2018.11, The Sustainable Digital Finance Alliance "Digital Technologies for Mobilizing Sustainable Finance" 2018.10, UN Climate Change "Alipay Ant Forest: Using Digital Technologies to Scale up Climate Action"

8 Le Shen "Alipay Ant Forest Introduces New Option for Users to Contribute to the Restoration of Coastal Ecosystems" Ant Group Business Wire 2022.6.9

9 CelsiusPro "Insurance Tech Solutions for Climate Risks and Natural Catastrophes"

10 Harry Papacharissiou "How to Build a Parametric Insurance Smart Contract" Chainlink 2020.12.15

11 ibid.

12 ibid.

13 東京海上日動火災保険「国内初、震度連動型地震諸費用保険（地震に備えるEQuick保険）の販売開始」2020.3.9

第4章　サステナビリティ×クラウドファンディング

1　Nuno Bento et al. "Crowdfunding for Sustainability Ventures" 2019.4.12

2　ibid.

3　Natalia Maehle "Sustainable Crowdfunding: Insights from the Project Perspective" Western Norway University of Applied Sciences

4　Messeni Petruzzelli, A. et al. "Understanding the crowdfunding phenomenon and its implications for sustainability", Technological Forecasting and Social Change 2019

5　Mosaic "BNP Paribas Increases Mosaic Warehouse Facility to $200 Million and Extends Term by Two Years" 2020.4.21

6　Ecomill "Equity crowdfunding. Actions for the territory"

7　OXFAM France "La transition écologique " 2021.4.13

第5章　サステナビリティ×デジタルツイン

1　総務省、エヌティティデータ経営研究所「デジタルツインの現状に関する報告書」2021.3.3

2　Yana Arnautova "If You Build Products, You Should Be Using Digital Twins" GlobalLogic 2022

3　Katie Costello, Gloria Omale "Gartner Survey Reveals Digital Twins Are Entering Mainstream Use" Gartner 2019.2.20

4　榎原洋、佐藤平太郎、江頭由佳「都市のデジタルツインの構想と可能性」アクセンチュア 2020.1.22

5　Sean Nolan "How digital twins can shape green policy" INSIGHTS 2021.11.3

6　Craig Beddis "How digital twin will help enable the green recovery" INSIGHTS 2021.6.3

7　国土交通省「国土交通データプラットフォーム（仮称）整備計画」2019.5、「デジタルツインの実現に向けて連携を拡充」2021.5.17

8　国土交通省「PLATEAU by MLIT」

9　国土交通省「国土交通白書2021」2021.8.20

10　東京都「デジタルツインの社会実装に向けたロードマップ初版」2022.3

11　National Research Foundation "Virtual Singapore" Government of Singapore 2021.2.20

12　Peter Bauer, Bjorn Stevens, Wilco Hazeleger "A digital twin of Earth for the green transition" Nature Climate Change 2021.2.1

13 European Commission "Destination Earth" 2021.3.19

14 中村高雄ほか「IOWN構想特集 ―デジタルツインコンピューティング―」NTT技術ジャーナル 2020.7

15 ダッソー・システムズ「大成建設がバーチャル市のためにダッソー・システムズの3DEXPERIENCE プラットフォームを採用」2019.11.11

16 Cityzenith "Las Vegas to Accelerate Urban Transformation with First-Ever IoT-Enabled Digital Twin" 2021.10.13

17 Joe Quirke "Las Vegas completes first stage of "game changing" digital twin" global-construction-review 2022.1.28、AXIS「大都市のグリーンビルディング化をサポートするCityzenithのデジタルツイン」2022.1.20

18 Contractor "Cityzenith's Digital Twin for Las Vegas enters second phase" 2022.1.19

19 NTTコミュニケーションズ、東京海上日動火災保険、東京海上ディーアール「NTT Com・東京海上日動・東京海上ディーアールがSmart City領域で協業開始 ～デジタルツイン技術を活用した予測型マルチハザードソリューション提供に向けて～」2021.8.31

20 日立ソリューションズ「サプライチェーン全体のCO_2発生量をシミュレーションできる「グローバルSCMシミュレーションサービス」の最新版を販売開始」2022.4.19

21 三菱重工業、日本アイ・ビー・エム「三菱重工と日本IBM、CO_2流通を可視化するデジタルプラットフォーム「CO_2NNEX™」構築へ」2021.5.6

22 伊藤浩二「ディープラーニングが拓く次世代プラントの生産安定化と環境対応」NTT Communications Corporation CSR Report 2019、NTTコミュニケーションズ「世界初、ディープラーニングを用いた化学プラント改善に有効な制御パラメータ値の自動探索に成功」2019.3.26

23 Devon Maresco "Digital Twin Energy Management: Preparing for Greener Infrastructure" SpaceIQ

24 Dave Clifton "Digital Twins in Oil and Gas" SpaceIQ

25 Brian Caulfield "Nvidia Omniverse: Every BMW factory should have a digital twin by 2023" SasaTimes 2021.4.13

26 山岸裕一「いま注目を集める「デジタルツイン」とは？日立の活用事例も紹介」2022.11.2

・赤羽喜治、愛敬真生「ブロックチェーン仕組みと理論増補改訂版」リックテレコム 2019.7.27

・浅川博人「英国における蓄電池電力貯蔵システムへの上場投資ファンドの動向」三井住友トラスト基礎研究所 2021.6.7

・安東赫、中野明正他「ICT農業の環境制御システム製作：自分でできるハウスの見える化」誠文堂新光社 2018.8.16

・石井美也紀「産業廃棄物革命 〜IoT化でさらに進む産業廃棄物の世界」ダイヤモンド社 2019.1.25

・磯部博史「エッジAIとは何か超分散エッジコンピューティングの時代に備えよ」iMagazine 2021.3.11

・NTT東日本・NTTアグリテクノロジー、テレコミュニケーション編集部「一次産業の課題解決へ地域IoT —農業、林業、畜産業、水産業から始まる街づくりへの挑戦」リックテレコム 2020.3.12

・江田健二「IoT・AI・データを活用した先進事例8社のビジネスモデルを公開 エネルギーデジタル化の最前線2020」エネルギーフォーラム 2019.9.26

・同上「エネルギーデジタル化の未来」エネルギーフォーラム 2017.2.25

・榎原洋、佐藤平太郎、江頭由佳「都市のデジタルツインの構想と可能性」アクセンチュア 2020.1.22

・榎本昇平「AIの省電力化をめざして」NTT技術ジャーナル 2022.2

・神成淳司「ITと熟練農家の技で稼ぐAI農業」日経BP 2017.2.9

・環境省『「気候変動×デジタル」プロジェクト 〜デジタル化によるJ−クレジット制度の抜本拡充策〜 検討結果とりまとめ」2020.7.28

・木下宏揚「クラウドコンピューティングのためのOSとネットワークの基礎」コロナ社 2017.8.1

・窪田新之助「データ農業が日本を救う」集英社インターナショナル 2020.8.7

・経済産業省「2050年カーボンニュートラルに伴うグリーン成長戦略」2021.6.18

・国土交通省「PLATEAU by MLIT」

・同上「国土交通データプラットフォーム（仮称）整備計画」2019.5

・同上「デジタルツインの実現に向けて連携を拡充」2021.5.17

・小林啓倫「なぜクラウドではダメなのか？ いまエッジAIが注目されるワケ」ITmedia 2020.3.19

・小森理「ビッグデータを用いた生物多様性の可視化」探求SDGsサミット 2021.11.21

・サステナブル・ラボ株式会社「AIを活用し企業・都道府県の非財務/SDGsデータをスコア化したオンラインデータバンク「テラスト」が正式スタート」2021.2.12

・進博正、志賀慶明、市川量一「気象予測データと機械学習を用いた高精度な電力需要予測手法」東芝レビュー 2019.9

・白戸康人「土壌炭素を増やす農地管理が温暖化を緩和する」農業環境技術研究所

・総務省、エヌティティデータ経営研究所「デジタルツインの現状に関する報告書」2021.3.3

・高頭俊「グリーン投資を可視化する「グリーン・デジタル・トラック・ボンド」の取り組み」月間資本市場 2022.8

・滝雄二朗他、野村総合研究所「エネルギー業界の破壊的イノベーション」エネルギーフォーラム 2018.6.9

・武田泰弘著、田中謙司監修「電力流通と P2P・ブロックチェーン ―ポスト FIT 時代の電力ビジネス」オーム社 2019.5.18

・東京都「デジタルツインの社会実装に向けたロードマップ初版」2022.3

・東北大学、日本郵船、近海郵船、南三陸町、アースウォッチ・ジャパン「世界初環 DNA ビッグデータが生物多様性を見える化！ 生き物の天気図を示すオープンデータ ANEMONE DB（アネモネデータベース）の運用開始」2022.6.22

・中村高雄ほか「IOWN 構想特集 ―デジタルツインコンピューティング―」NTT 技術ジャーナル 2020.7

・日経 FinTech「API 革命」日経 BP 2017.6.29

・日本エネルギー経済研究所「平成28年度電源立地推進調整等事業調査報告書」2017.2

・日本取引所グループ「セキュリティ・トークンを活用したグリーン・デジタル・トラック・ボンドの発行に向けた検討について」2022.2.14

・日本取引所グループ、日立製作所、野村證券、株式会社 BOOSTRY「国内初のデジタルな仕組みを用いた環境債「ホールセール向けグリーン・デジタル・トラック・ボンド」の発行に関する協業について」2022.4.15

・農水省大臣官房「スマート農業の展開について」2022.7

・樋口悟「脱炭素 API カーボンニュートラル API サービス国内外事例まとめ」国際航業株式会社 Qiita 2022.1.31

・深谷肇一、久保田康裕「生物多様性ビッグデータで日本全土の木本植物の個体数を推定」国立環境研究所、琉球大学 2020.5.14

・藤井達人「その AI はグリーンか？ AI にもサステナビリティが求められる時代へ」Microsoft 2021.9.8

・古田均他「AI ×防災〜データが紡ぐ未来の安心・安全〜」電気書院 2022.10.28

・増田剛「スマートコントラクトとは何か？」FinTech Journal 2020.8.27

・村上憲郎（編集）他「AI と社会・経済・ビジネスのデザイン」日本評論社 2022.9.28

- 村上建治郎「AI 防災革命災害列島・日本から生まれた AI ベンチャーの軌跡」幻冬舎 2021.12.1
- 山岸裕一「いま注目を集める「デジタルツイン」とは？ 日立の活用事例も紹介」2022.11.2
- 山下尚之他「AI を活用して高精細な森林土壌炭素貯留量の日本地図を作成」森林総合研究所 2021.12.24
- 吉田拓史「モノのインターネットを活用したスマートグリッド技術」Axion、アクシオンテクノロジーズ 2021.1.27
- ライトスタッフ合同会社「ブルーカーボンプロジェクト」2022.6.11

- Aaron McCreary, Yafu Zhao, Andrew Chang "Climate Fintech" New Energy Nexus
- Airbus "Crédit Agricole Bank Relies On Satellite Imagery To Insure Grasslands Against Climate Risks"
- Alastair Marke et al. "Transforming Climate Finance and Green Investment with Blockchains" Academic Press 2018.6.28
- Alex Grizhnevich "IoT for Smart Cities: Use Cases and Implementation Strategies" ScienceSoft 2018.5.3
- Alexandre Lacoste et al. "Quantifying the Carbon Emissions of Machine Learning" Université de Montréal 2019.11.4
- Alexey Shadrin, Tom Baumann, Miroslav Polzer, Marina Spitsyna, Liza Romanova "How Digital Technologies can Foster Mobilization of SDG Impact Finance?" Digital SDG Finance Bulletin 2020.4
- Andrea Halmos "The role of smart cities in meeting the objectives of the Green Deal" European Commission INSPIRE 2020.4.6
- Arshad, R., Zahoor, S., Shah, M. A., Wahid, A., & Yu, H. "Green IoT: An investigation on energy saving practices for 2020 and beyond." IEEE 2017
- Bill Doerrfeld "Green APIs Promote Sustainability and Climate Action" Nordic APIs 2015.6.30
- Budha Bhattacharya, Kin Yu "Pulse of Fintech H1'21, Putting big data at the heart of ESG decision-making" KPMG 2021.82
- Cecilia Repinski "Unlocking the Potential of Green Fintech" Stockholm Green Digital Finance 2017
- Celine Herweijer, Benjamin Combes, Jonathan Gillham "How AI can enable a Sustainable Future" PwC
- Chris Cook "Blockstream and Square, Inc. Join Forces for Solar-Powered Bitcoin Mining" Blockstream 2021.6.5

- Cornis van der Lugt "Digital Finance and Citizen Action" UN Environment Inquiry 2019.2
- Cyn-Young Park, James Villafuerte, Bo Zhao "Harnessing Technology For More Inclusive And Sustainable Finance In Asia And The Pacific" Asian Development Bank 2018.10
- Darius Nassiry "The role of fintech in unlocking green finance: Policy insights for developing countries" ADBI Working Paper 2018.11
- Di Salvo, A. L., Agostinho, F., Almeida, C. M., & Giannetti, B. F. "Can cloud computing be labeled as" green "?" Renewable and Sustainable Energy Reviews 2017
- Eda Kavlakoglu "AI vs. Machine Learning vs. Deep Learning vs. Neural Networks: What's the Difference?" IBM 2020.5.27
- Elisabeth Steyn, Jose M Lopez Sanz "How SDG-aligned is ESG? Putting sustainable funds to the test" UtiL 2021.9
- Emma Gorin "Nowhere to hide: Using satellite imagery to estimate the utilisation of fossil fuel power plants" Climate Markets and Investment Association 2018.11
- Emma Strubell et al. "Energy and Policy Considerations for Deep Learning in NLP" McCallum College of Information and Computer Sciences University of Massachusetts Amherst 2019.6.5
- Erik Kobayashi-Solomon "Fighting Climate Change With Big Data: Clir And SINAI Technologies" Forbes 2021.7.28
- Eugenia Macchiavello, Michele Siri "Sustainable finance and Fintech: can technology contribute to achieving environmental goals? A preliminary assessment of Green FinTech" European Banking Institute 2020.8.13
- Faris. A. Almalki et al. "Green IoT for Eco-Friendly and Sustainable Smart Cities: Future Directions and Opportunities" Springer 2021.8.17
- Felicia Jackson "Sinai Technologies Is Using Big Data To Address The Agricultural Emissions Gap" Forbes 2021.12.3
- Fiona Bayat-Renoux "Digital Technologies for Mobilizing Sustainable Finance" Sustainable Digital Finance Alliance 2018.10
- George Serafeim "Public Sentiment and the Price of Corporate Sustainability" Harvard Business School Accounting & Management Unit Working Paper 2018.10.12
- GeSI, Deloitte "Digital with Purpose: Delivering a SMARTer2030" 2019 36
- Henrik Skaug Sætra "AI for the Sustainable Development Goals" CRC Press 2022.2.23
- HSBC Centre of Sustainable Finance, Sustainable Digital Finance Alliance "Blockchain: Gateway for Sustainability linked Bonds"
- Iman Ghosh "When AI Meets the Internet of Things" Visual Capitalist 2020.8.12

- InterWork Alliance "Voluntary Ecological Market and the Standards Needed to Tokenize its Supply, Demand, Buying, Trading, Offsetting, and Reporting Processes" IWA White Paper 2021.6.9
- Jamie Beckett "Hail Yes: How Deep Learning Could Improve Forecasts for Damaging Storms" NVIDIA 2018.4.6
- Jean-Philippe Hecquet "Fintechs and the ESG data challenge - Six case studies of emerging technologies" BNP Paribas Securities Services 2019.11.20
- Juan Carlos Castilla-Rubio, Simon Zadek, Nick Robins "Fintech and Sustainable Development" United Nations Environment Programme, 2016.12
- Katie Costello, Gloria Omale "Gartner Survey Reveals Digital Twins Are Entering Mainstream Use" Gartner 2019.2.20
- Kishore Durg, Pavel Ponomarev, Paul Daugherty, Peter Lacy "The green behind the cloud" Accenture 2020
- Laura Belli et al. "IoT-Enabled Smart Sustainable Cities: Challenges and Approaches" University of Parma 2020.9.18
- Liu, X., & Ansari, N "Toward green IoT: Energy solutions and key challenges." IEEE Communications Magazine
- Marianne Haahr "New SDFA report on Digitization of Green Bonds" Sustainable Digital Finance Alliance 2019.9.28
- Maryam Farsi et al. "Digital Twin Technologies and Smart Cities 1st ed." Springer 2019.7.22
- Nuno Bento et al. "Crowdfunding for Sustainability Ventures" 2019.4.12
- Oskar Eriksson "Moving from Red AI to Green AI" DataRobot AI Cloud 2022.4.21
- Owen Mulhern "Can AI Help Achieve Environmental Sustainability?" Earth.Org 2021.3
- PwC "State of Climate Tech 2021 Scaling breakthroughs for net zero" 2021
- Quantzig "Sustainable Supply Chain and Big Data Analytics" 2 Quantzig 2021.6.11
- Ricardo Vinuesa, et al. "The role of artificial intelligence in achieving the Sustainable Development Goals" nature communications 2020.1.13
- Rodrigo Arias, Knud Lasse Lueth, Abhay Rastogi "The effect of the Internet of Things on sustainability" 2018.1.21
- Roy Schwartz et al. "Green AI" Allen Institute for AI 2019.7
- S. H. Alsamhi et al. "Greening internet of things for greener and smarter cities: a survey and future prospects" Telecommunication Systems 2019

- Sabine Mauderer "The role of fintechs in green finance" the 4th German-Singaporean Financial Forum 2020
- Simon Zadek "Harnessing Digitalization in Financing of the Sustainable Development Goals" Task Force on Digital Financing of the Sustainable Development Goals 2019.9.26
- Tahani Al Hammadi, Haitham Nobanee "FinTech and Sustainability: A Mini-Review" SSRN Electronic Journal 2019.1
- The Geodetic Facility for the Advancement of Geosciences "Synthetic Aperture Radar (SAR) Satellites", Erika Podest "Basics of Synthetic Aperture Radar" NASA
- The Sustainable Digital Finance Alliance "Digital Technologies for Mobilizing Sustainable Finance" 2018.10
- Tom Davenport "The Analytics of Things" Deloitte Insights 2014.12.18
- University of Cambridge "Cambridge-built carbon credit marketplace will support reforestation" 2021.11.19
- Y. Saleem, N. Crespi, M. H. Rehmani and R. Copeland, "Internet of Things-Aided Smart Grid: Technologies, Architectures, Applications, Prototypes, and Future Research Directions," IEEE Access 2019.2

▶ 著者プロフィール ···

可児 滋（かに しげる）
岐阜県出身

日本銀行入行・岡山支店長・検査局検査役・文書局長
東京金融先物取引所常任監事・シニアアドバイザー
東京証券取引所常任監事・常務理事
日本電気株式会社常勤顧問
日本証券アナリスト協会理事
拓殖大学大学院非常勤講師・客員教授
法政大学大学院客員教授
文教大学大学院非常勤講師
横浜商科大学商学部教授
を歴任

CFA認定証券アナリスト（CFA）
日本証券アナリスト協会認定アナリスト（CMA）
国際公認投資アナリスト（CIIA）
Certified Financial Planner（CFP）
１級ファイナンシャル・プランニング（FP）技能士
日本金融学会会員
日本ファイナンス学会会員

著書
・グリーンファイナンス 2022/3/3 日本橋出版
・ポストコロナのインフラDX戦略 2021/5/31 日本橋出版
・チャレンジャーバンクの挑戦 2020/10/19 日本橋出版
・究極のオープンイノベーション ビジネスエコシステム 2020/1/14 日本橋出版
・デリバティブの落とし穴 2004/5/24 日本経済新聞出版社
・デリバティブがわかる（共著）2012/6/16 日本経済新聞出版社
・先物市場から未来を読む（Leo Melamed著、翻訳）2010/11/23 日本経済新聞出版社
・フィンテック大全 2017/7/11 金融財政事情研究会
・実践 オルタナティブ投資戦略 2016/8/12 日本評論社
・金融技術100の疑問 2010/8/1 時事通信社
・英和和英 デリバティブ・証券化用語辞典 2009/3/1 中央経済社
・環境と金融ビジネス 2011/1/1 銀行研修社
等、多数

最強のコラボ　サステナビリティ×フィンテック

2023 年 4 月 21 日　　　第 1 刷発行

著　者 ——— 可児滋
発　行 ——— 日本橋出版
　　　　　　〒 103-0023　東京都中央区日本橋本町 2-3-15
　　　　　　https://nihonbashi-pub.co.jp/
　　　　　　電話／ 03-6273-2638
発　売 ——— 星雲社（共同出版社・流通責任出版社）
　　　　　　〒 112-0005　東京都文京区水道 1-3-30
　　　　　　電話／ 03-3868-3275